JN021510

ハッキリものを言って嫌われる人、好かれる人の 伝え方

How people get disliked or liked when speaking their mind.

野々村友紀子
Yukiko Nonomura

CROSSMEDIA PUBLISHING

はじめに

「ハッキリものを言っても嫌われないどころか、好かれる本を出しませんか?」

いやいや、そんな方法があるならこっちが聞きたいですわ。

新宿の喫茶店で、笑顔でムチャを言う編集さんを前に、私はそう思ったのです。

「世の中には、ハッキリものを言って嫌われる人と、好かれる人がいますよね? 野々村さんって、辛口でなんでもズバッと言うけど、あんまり人に嫌われていないじゃないですか? 炎上もしないし」

(あんまり……?)んー、まぁ中には嫌いという方もいるでしょうが……。見ていてスッキリするとか、気持ちがいいと言ってくださる方は多いですかねぇ。

私の本業は元・芸人の放送作家です。最近はワイドショーなどの番組でコメンテーターのような仕事もやらせてもらっています。ちょっとだけ辛口のコメントをすること。そして、バラエティ番組では夫の相方に、強めの〝説教〟をする姿から、ハッキリものを言う人、というイメージがあるようです。

嫌われる人、好かれる人、なにが違うんだろう？

その人のキャラクター？　それとも「正論」かどうか？　顔？　声？　髪質？

いや、これは「伝え方」にコツがあるんじゃないか、と編集さんは言うのです。

なるほど。伝え方。それは、私もつねに気をつけていることです。

こう見えて、褒めるときも怒るときも、相手の気持ち、最適な言葉、最適なタイミング、最適な伝え方はなにか？　それを全力で考えてものを言っているのは確かです。

「ズケズケ」と「ハッキリ」は違うのです。

ただ、そんな方法を私が偉そうに語るなんておこがましいと言うか、なんか恥ずかしいやん。なので、最初はお断りしようと思いました。

でも、優しそうな目をしたライターさんの言葉に、ハッとさせられるのです。
「最近は周囲の人とのコミュニケーションや心の距離のとり方に、悩まれている方が多いんですよ。嫌われるのが怖くて、なかなか自分の本音を言えないんです。ギスギスしがちな世の中を少しでもまろやかに、誰しも生きやすい世の中にしませんか。ほんと、言いたいことも言えないこんな世の中なんです、ポイズンなんです。あの頃の反町隆史さんカッコよかったですよね」

「おーい！　そんなんいらんねん！」さすがに言えませんでした。キー！　ハッキリ言えばよかった……。ハッ！　そうか、こんな後悔、もう誰にもしてほしくない！とにかく、そんなこんないきさつで、なるほど、少しでもこんな自分が役に立つのなら、とお手伝いさせてもらうことになったわけです。

しかし、自分のやり方を指して「こういうふうに話したらええよ」「こう伝えたらええねん」と書くのは、やはり上から目線なようでどうにもこうにもやりにくい。

なので、今回はお話をくれた編集者の方と、ライターさんの質問に答えながら、あ
あだこうだと、普段の私の人とのつき合い方、怒り方、注意の仕方、お願いの仕方
……などを話してまとめてもらう「語りおろし」のスタイルをとらせてもらいました。

聞かれるがまま、私のあれやこれやを答えていたら、こうして一冊にまとまった、
というわけです。なので、いつもの私の文章とは、少し違うかもしれません。

けれど、結果として、これまで私の本を読んでいただいている方々はもちろん、そ
れ以外のはじめましての方にも届きやすい、実践的なコミュニケーション術の本ができたのではないかと思っています。

「本当は部下を叱りたいのに、うまく叱れない」と悩まれている方、「自分勝手な上司にハッキリもの申したい」と思っている方、「優しく子供を注意したいけれど、キレ過ぎてしまう」と頭を抱えている方。

そんな方々の心がすっと軽くなって、家庭や社会が、今より楽しい場所になりますように。

はじめに 2

1章

chapter_01

ハッキリものを言うにはちょっとしたコツがある

口ベタで引っ込み思案だった 12
言いたいけれど嫌われたくない 15
実践！　相手を注意するときのコツ 19
型があるとハッキリと言える 23
芸人をやっていたおかげで気づいた 26
練習すれば誰でもうまくなる 29

ハッキリものを言って嫌われる人、好かれる人の伝え方 目次

嫌われる 好かれる「怒り」の伝え方

①怒ったら嫌われる？　いえ、怒ることは優しさです……36
②怒ることに慣れていない人は、「期間」を決めて怒りましょう！……46
③怒るときはサンドイッチ型がおすすめ。喧嘩になりません……60
④あえて人前で怒りましょう。1対1は嫌われるもとです……76
⑤相手の立場に合わせて怒り方を変えると効果的です……82

3章 chapter_03

嫌われる 好かれる 「注意する」ときの伝え方

①エールを送る気持ちでしっかり注意するのです 92
②「ふつう～」と「あのとき～」は言ってはいけません 98
③褒めるときは何度でも。叱るときは一度だけです 104
④注意する前に褒めるのがおすすめです 114
⑤本気で褒めないと注意しても伝わりません 124
⑥どう注意するかよりも誰が注意するかが大事です 130
伝え方コラム
怒るよりも難しい！ 上手に「褒める」3つの方法 134

4章

chapter_04

嫌われる 好かれる「断る」ときの伝え方

①ハッキリ断らないと、ドツボにはまります 146
②断ったのに、なぜか好感度が上がる魔法の言葉 150
③メールで断るときは、わざと崩した文章を使います 158
④相手の力を利用する〝合気道〟的な断り方 168
⑤大事なときに断るために「断る」をとっておきます 176

嫌われる 好かれる「お願いする」ときの伝え方

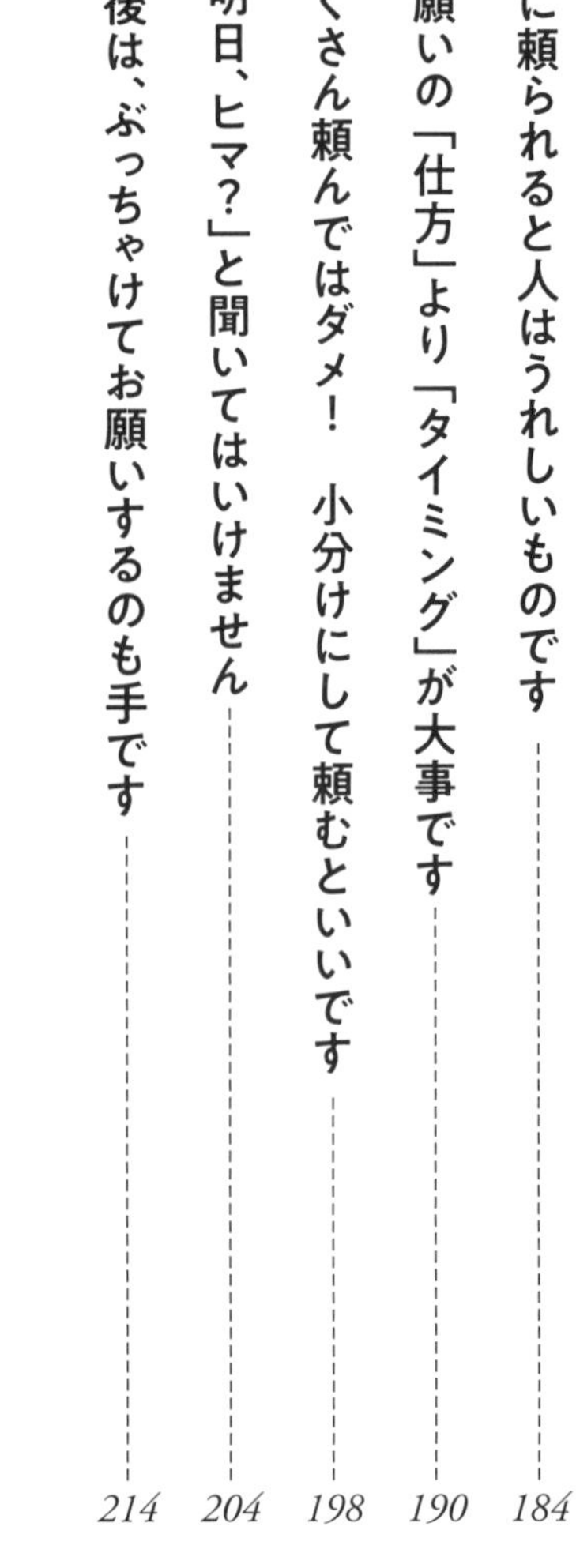

①人に頼られると人はうれしいものです 184
②お願いの「仕方」より「タイミング」が大事です 190
③たくさん頼んではダメ！ 小分けにして頼むといいです 198
④「明日、ヒマ？」と聞いてはいけません 204
⑤最後は、ぶっちゃけてお願いするのも手です 214

おわりに 218

1章

chapter_01

ハッキリものを言うには ちょっとしたコツがある

◆ロベタで引っ込み思案だった

最近、街で声をかけられると、**よく言われる言葉があります。**

「いつもテレビでなんでも**ズバズバとものを言ってくれて、**スッキリするわー」

「**歯に衣着せぬ発言、**『うらやましい〜！』って、見ています」

「ぜひうちの上司にも**説教してほしい**です！」

「うちのダメ旦那も**怒ってください！**　あっちにいるので呼んできていいですか⁉」

いや、さすがに初対面では説教はできません！

隠れていた旦那さん、逃げて行きました。

ほんで私どういう存在なん？　街で悪い旦那見つけたら怒る人？

なにそれ、**ナマハゲ**？

自分ではそういうつもりはないのですが、世間ではなんだかこんな感じで、**野々村はズバッとなんでも言う人、**と思ってもらえているようです。

最近ありがたいことに、テレビのコメンテーターとしてのお仕事もさせていただき、事件やスキャンダルに対して、**自分がそのときに感じた本音をなるべくそのまま言うようにしている**からか、それがズバッとイメージになったのでしょうか。

夫（漫才コンビ「2丁拳銃」の顔も生活もちゃんとしている方、修士）に対する家事の不満や夫婦喧嘩に関して、ガツン！　とものを言う本を書いているからかもしれません。

もしかしたら、お笑いに全力投球せず、日々、趣味のギターを弾き語り、ハーモニカを吹き鳴らし、「DJ」と名乗り、調子に乗ってクラブでCDをつけたり消したりしている**夫の相方**（「2丁拳銃」の顔も生活もグダグダの方、小堀）に**「弾き語るな！」**

「吹き鳴らすな！」「人のCDつけたり消したりすな！」と、元・芸人の先輩として説教をしている印象が強いのかもしれません。

しかしながら、「ハッキリとものが言える人だね、いいね！」と言われている当の本人は、「ありがとうございます」と答えつつ、いつもどこか心にひっかかるものを感じていたのです。

「私、そんなにハッキリと言えてるかな？」と。

そもそも私は、**自分の言いたいことをすんなり言えるタイプではありませんでした。**

小さい頃はむしろ**口ベタ**で、極度の**引っ込み思案。**

仲の良い、ひと握りの友だち以外とは、話すことすら苦手にしている子でした。

「私、いつから『ズバッとナマハゲ』になったんやろ？」

「ハッキリ言えてうらやましいなんて……なんか変な感じ！」

そんな疑問と違和感が、まずあったわけです。

もっとも、少しの違和感を覚える一方で、そんな街での「代弁してほしい」というような声に、強い共感もありました。

「やっぱり今は言いたいことが言えなくてモヤモヤしている人、多いんだなあ」と。

◆言いたいけれど嫌われたくない

なんだか世の中がギスギスしています。

上司や先生が部下や子供たちに向かって、ちょっと注意したり、強い物言いをしたりすると、すぐに「パワハラだ」「セクハラだ」「コンプライアンス的にどうなんや」と、モラルやマナーを問われる世の中になりました。

もちろん、良い面はたくさんあります。

不当な弱い者いじめや、立場を利用したいやがらせは、厳しく取り締まるべきです。

ただ、そのせいで、部下や生徒や子供たちを**「叱れない」「怒れない」「注意できない」**なんて状況が生まれている気もします。

ツイッターやインスタグラムといったSNSを通して、今は誰しも自分の言いたいことを言える環境が揃っています。

ただ、それはズバッと漏らした本音によって、**大勢の人からボコボコに叩かれるリスクが高まった**とも言えます。

ネット上でも、実名で強い物言いをしたら「叩かれる」「嫌われる」「訴えられる！」と誰しも腰が引けている。

メンタル激強の人ばかりの意見が大きく聞こえて、私のようなもともと引っ込み思案の人間は、なおさらモヤモヤする。

結果、「嫌われたり、浮いたりするくらいなら黙っとこう……」と、学校や会社はもちろん、家庭内でもネットでも、「本当は言いたいことがあるのに……」「そうじゃないと思うんやけど……」と、言えずじまいでくすぶってる人が多い気がするのです。

その裏返しでしょう。

言いたいことも言えないこんな世の中。

「ズバズバと好きなことを思いっきり言える人に憧れる」「そういう物言いをしてみたい！」と思う方が増えているのではないでしょうか。

誰だって嫌われたくないし、浮きたくはない。私だってそうです。

でも、言いたいのに言えず、ガマンばかりもつらい！

どうやったら嫌われないで、うまく本音を伝えることができるのか。

よく聞かれるのですが、「これ！」という答えは出ていませんでした。

そして、この本の執筆依頼がありました。

その依頼メール、編集担当者のこんな一文に、ハッとしたのです。

『……野々村さんのような、ハッキリとものが言えるトークセンス。嫌われないキャラの磨き方。それを読者の方々にお伝えする本をつくりたいのです……』

「なるほど。そうか」と。

「それや！」と。

「でも、それ、ちゃう！」と気がつきました。

私がハッキリとした物言いをしているように見えるとしたなら、その理由は、もともと持っている**「センス」**とか**「キャラクター」**なんてものではありません。

実は、けっこう「準備」をしているかも。

繰り返しになりますが、そもそもが口ベタの引っ込み思案。だからこそ、**キツめのことを言い放っても、嫌われたり、叩かれたりしないように、考え抜いた、いくつかのパターンを準備**しているのです。

そう、嫌われないパターンを用意してからの、ズバッと！　なのです。

◆実践！　相手を注意するときのコツ

たとえば皆さんは、会社の勤続年数そこそこの部下や後輩が、**「とっても雑な仕事」**をしていたら、どのようにして注意しますか？

彼（彼女）に、お客さんに提出するプレゼン資料のプリントアウトを頼んだとしましょう。「できました！」と、その子から自信満々に渡された数十枚の紙の資料の印刷が、ズレまくっていた。

最後に紙をまとめるときに、「トントン」とそろえた形跡もなく、紙がズレたまま、ホチキスでとめられていたとしたら――。

「なんやねんコレ、やり直し!!（怒）」って言いたくなりますよね。ズバッと叱りつけたい気持ち、痛いほどわかります。

けれど、今どきそんな言い方をしたら、**即、パワハラ認定。**

そこまでいかずとも、頭ごなしに叱られたら、**言われた相手は心を閉ざしてしまう可能性が大でしょう。**

あとから「あの人はすぐキレる」と陰口を叩かれたり、ツイッターでぼろくそ言われるのは避けたい、ですよね？

だからって、**黙っていたらこちらのストレスがたまる。**

それ以上に、まずい仕事をしている部下を野放しにすることになります。

相手の成長の機会をつぶすことになるし、周囲やお客さんに迷惑をかけることになってしまいます。


私なら、そんなとき、こんなパターンで返します。

「雑っ！」

ひとこと。ハッキリと、です。

でも、怒っていないし、キレていません。

単にただただ**〝驚いている〟**のです。

「雑すぎる仕事」という「ボケ」への「つっこみ」と言ってもいいでしょう。

相手を叱ったのでもなく、部下や後輩を怒ったのでもなく、ただその仕事っぷりを見て、私が驚いたわ、という感想を「雑っ！」と表明しただけです。

え？　なんでなんで？　なんで、こんなにバラバラにとめてあるの？　どうしたどうした。びっくりしたわ！　という意思を詰め込んだ「雑っ！」なのです。


言葉の調子は強くても、相手への非難ではありませんから、相手も周囲もそこまで嫌な気持ちにはなりません。

しかし、言いたいことは十分受け手に伝わります。

「そうか！　しまった、雑だったか」と。

あるいは、**「やばい！　手を抜いたこと、バレてる！」**と思うかもしれません。

そして、「人を驚かせてしまうほど雑な仕事ぶり」に気づき、**自分が恥ずかしくなる**のではないでしょうか。

大事なのは、気づいてもらうこと。気持ちが伝わること。

もちろん、ガツン！　と怒っても、優しく丁寧に一から教えても、一緒かもしれません。ただし、その方法はこちらのパワーや時間も削られるでしょう。

それに比べて**「驚く」**だけ。

これは、パワーも時間も不要、嫌われるリスクも低いのに、瞬時に相手に伝わる。なんて自分エコ！　最高やん！

ただし、嫌みな言い方はＮＧです。あくまでも素直な心で軽く発動すること。

そして、あとでくどくど言わないこと。

それさえ守れば、相手も素直に「次はもう少し丁寧に仕事しよう」と自然と思ってくれるはず。

なにせ次に同じことをしたら、また驚かせてしまう。

場合によっては、それこそ怒らせてしまうかもしれない、と「学習」してもらえるからです。

◆型があるとハッキリと言える

私はこれを**「プレ怒り」**と呼んでいます。

叱りたいときに、叱らずに驚く。

怒りたいときに、怒らずに感想を言う。

「今は怒ってないけど、次、またやったら、怒るで」という、怒る直前（プレ）だよという予告、というかカジュアルな忠告になっているわけです。

あるいは、こんなパターンもありますね。

名付けて、**「褒め説教」**。

これは軽く説教をするのだけど、最初に相手の良い部分をしっかりと指摘して、くすぐる。

そして、「ええ人や」「この人の言うことは信用できる」と、相手の耳をしっかり開いてもらったうえで、準備が整ったところで、的確に直してほしいことを言うコミュニケーションのことです。

だから雑な資料を渡された場合。

「○○さん、普段から何を言ってもロジカルに理解して、あれこれ全部言わなくても指示を理解してくれるから、**そういうところすごい助かっているのよ**」とまず褒めます。

そのうえで――。

「この資料は、○○**さんらしくないいんじゃない。**もうちょっとだけ丁寧にプリントアウトして、とじといてくれる?」と、説教&やり直しを指示するのです。

ほかにも、仕事が遅い後輩を注意するときには、「いつも丁寧な仕事、ありがとう」「クオリティも高いよ」「もうちょっと早かったら最高なんだけどな」と言う。

言葉遣いが汚くなってきた息子がいたなら。「最近、すごく大人っぽくなってきたな」「体つきも考え方ももう大人や」「もう少しだけ丁寧な言葉を使った方が、かっこいい大人になるで」と褒めてから説教するのです。

誰かに何かを伝えるとき。

言いにくいことを言うべきとき。

私は、**こうしたいくつかの型というか、パターンを用意しています。**

それは「怒るとき」に限らず、「相手のお願いを断るとき」や「ちょっと無理めのお願いするとき」にも用意しています。

「怒る」のが苦手な人は、「お願いすること」「断ること」も苦手ではないでしょうか。

でも、**型があると、ラクなんです。**

ガマンしなくてよくなるから、心もすっとラクになります。

この、数々の型については、後ほど詳しく説明しますね。

◆芸人をやっていたおかげで気づいた

私がこんな風に、ハッキリとものが言えるようになったのは、これまで経験してきた、**3つの仕事のおかげ**かもしれません。

まずは**「芸人」**だったおかげ。

そもそも口ベタで、気弱で、引っ込み思案で、自分の思いを人に伝えるのが苦手だったのですが、人を笑わすのは大好きで、芸人の道を歩みました。

小学校時代の友人と2人で、NSC（吉本総合芸能学院）の門をたたき、漫才コンビを組みました。

お笑いって最高なんですけれど、いざ自分でやってみると本当に難しい世界なんですね。

自分たちがおもしろいと思ってつくったネタが全くウケないことも多々あります。

フリ、ボケ、ツッコミという構成が伝わるようにつくられているか。

自己中心的なひとりよがりのネタになっていないか。

セリフのスピード、言葉、動き、それぞれがぼやけていたら、本当にぴくりとも人を笑わすことができない。

だから、**芸人は準備に準備を重ねます。**

この言い回しでフリは伝わるか。

この間で効果的なボケになるのか。

そもそも、このネタはおもしろいのか――。

笑いはとても繊細で、ほんの少しタイミングがズレただけでウケません。ちょっとした言い回しの違いや、ひとつの言葉を足すか抜くかだけでも、ネタの伝わり方に影響し、ウケが大きく変わります。

要するに、**ウケないネタほど、お客さんに全く伝わっていないことが多い**のです。

とくに、私はNSCの同期に中川家の2人や、陣内智則くん、ケンドーコバヤシくん、ハリウッドザコシショウなど、めちゃくちゃ才能あふれる芸人がいたからこそ、**「どうやったら人の心が動くのか」「笑いが伝わるのか」**を考えて、稽古を重ねてきたところがあります。

……あっ、「たむけん」こと、たむらけんじくんも忘れてはいけません。

彼は昔から、どう動けば一番効果的にスベるか、どの言い方が最もお客さんが笑わないか、日々研究を重ね、今日に至る見事なスベり芸を確立……。え？　あれはわざとじゃない？

ただスベってるだけ？　そんなわけないじゃないですか。プロの芸人ですよ？　計算計算！　計算スベりに決まってるでしょ！

真面目に言えば、わざとしっかりスベってから、そのあとのひと言でドン！　と笑いを取って盛り返すというのは、かなり難易度の高いお笑い上級テクニックです。

とにかく、芸人の世界で積み上げてきたことが、誰にどう言えば効果的に伝わるか、のパターンづくりの根っこにある気がします。

◆練習すれば誰でもうまくなる

もうひとつは**「ＯＬ」**を経験したおかげ。

相方の都合もあって、残念ながら漫才コンビは解散。その後1年間、大阪で事務職をしていたことがあります。

このときの上司が、まぁ～ひどかったんですね。

なにを言うてるかわからん。

とにかくキレやすい方で、ひとつ気に食わないことがあると、「なにしとんねんワレコラ〜ボ〜ケ〜〜！」と感情的に怒鳴り始める。

だんだん怒鳴っている自分に酔い始めて、**怒りのターボ**みたいなものがかかってくる。時間が経つにつれ、どんどん声も怒りも大きくなる人でした。

けれど、肝心の**「で、なにをどう直してほしいのか」**がわからない。

もうただ相手を罵倒しているだけで、なにがどう問題で、それをどう解決していいかが伝わってこなかったんです。怒鳴り声を聞かされているこちらが、自然に心を閉ざしていたから。

「こうなったらおしまいや」

わずか1年間のＯＬ経験でしたが、強くそう思い、感情ではなく「どう動いてほしいか」を伝えるコミュニケーションを意識して、実践してきたところがあります。

仕事においても、家庭においても。

あとはやっぱり**「主婦」**をしてきたおかげ。

夫や2人の娘を、どのようにうまく家事に巻き込んでいくか。

いかに家庭内で喧嘩をせずにごきげんで過ごせるか。

そのためにはなにを心がけ、どんな物言いを続けるといいか。

これまで出した本にそのノウハウっぽいものも書いてきましたが、私にとってはこうした家族との大切な時間を育んできたのも、ストレスをためずに言いたいことをしっかりと伝える技術、スキルを磨くことにじんわりとつながってきたなと感じています。

もう一度言いましょう。

もの言い方はセンスやキャラなどでは決してありません。

「伝えるのが苦手」で「口ベタ」だったからこそ、意識して、準備して、スムーズに相手に気持ちを伝える術を、ハッキリとものを言うスタイルを、あとから手にしてきたのです。

言い方を変えると、歯に衣着せぬ言い方は、**あとから誰でも手に入れられる「スキル」**だということ。

スキルだから**練習すればするほどうまくなる**し、私にもあなたにもあとからだって身につけられる、ということです。

今、職場や学校やご近所さんなどを相手に「言いづらい」ことが日々あって、ガマンして、マグマのようにストレスがたまっている方が多いのだとしたら……。

一度、私のパターンを試してみませんか。

本音を言いたいけどうまく言えない人も、断ることやお願いが苦手な人も、パターンにはめ込んでいくうちに、意外と簡単にハッキリと言えるようになっちゃうかもしれません。

次章からは、ハッキリと言いにくいことを伝えるようになるための私なりのちょっとしたテクニックを紹介していきます。ぜひ、活用してみてください。

結果、少しでも、あなたの人生が生きやすいものになれば。

人間関係のストレスがふっと軽くなるのなら。

そして、世の中のイライラが少し消えて、世界がより平和になって、ついでに小堀くんが弾き語るのをやめてくれるなら、著者としてそれほどうれしいものはありません。

2章

chapter_02

嫌われる　好かれる

「**怒り**」の伝え方

嫌われる怒り方
好かれる怒り方

1

怒ったら嫌われる？
いえ、怒ることは優しさです

◆怒りの感情は出した方がいい

「怒ったらアカン」

そんな空気が今、強くなっている気がします。

はじめて入ったレストランで横柄きわまりない店員に腹が立ったとしても。それを怒って、とがめたりしたら周囲の目も気になるし、**「うわ、ヤバいクレーマー、きた！」**とSNSに書き込まれそうで、「ま、いいか」とガマンしてしまう。

ホームで電車を待っているとき。みんなきれいに整列して並んでいるのに、ぐぐっと割り込むおっちゃんが現れても。

「ちゃんと並んでよ！」と叱りたいと思いつつも、「いや……**でも逆ギレされたら嫌やなあ**」と考えて、毛羽立った気持ちをスーンと飲み込んでしまう。

小学生がコンビニの中で友達同士ふざけ合って追いかけ合い。思いっきりぶつかって、謝りもしないで行こうとしたときはどうでしょう。

だいたいの人が、こんな風に思って叱らないのでは？

「よその子だし……声かけて不審者として通報されたら面倒だしなぁ」

ようは**怒ったときのリスクが高すぎ**て、ぐ～っと、みんなの腰が引けている。

「腹が立つけど、怒らない」

「イラッとしても、怒れない」

そういう人がうんと増えて、浄化しなかった怒りだけが宙ぶらりん。

その分、よどんだ空気になっている気がするのです。

わかる。その気持ちはとてもよくわかる！

だって、ヤバい人だと思われたくはないですもん！

逆ギレされたら、こわいですしね。

でも、私は正しく「怒る」ことって、とっても大切と思っているんです。

なぜか？

まず、**怒りの感情にフタをすることが、自分にとっても世の中にとっても、すごく不健康**だからです。

◆抑えた怒りはどこへ行く？

理不尽な店員の言葉や、傲慢なおっちゃんの行動のせいで、モーレツな怒りの感情が湧きだったのに、それを強引に抑えたら、体の中にその**怒りの毒素**みたいなんが充満していく気がするんですね。子供への注意もそう。

怒りをガマンしながらの食事は美味しくないし、そのときは取り下げても、後々、「なんであのとき言わなかったんだろう」と、思い出してイライラすることもあるでしょう。その時点で、ぜったい体に悪い。

しかも無理やり抑えた感情が、**別の場所で別の形でドカン！　と爆発することだってある**のです。

逆ギレがこわかったから、おっちゃんには言えなかった怒りを、家に帰って奥さんや旦那さんに目を吊り上げてくどくど話したり、その日の機嫌が悪くなって周りに迷惑をかけたり。

あるいは、**自分より弱い立場の人にちょっと八つ当たりしてしまう。**本人の自覚がなくても、そんなことになってしまう可能性が高い気がするのです。

前に住んでいた場所に、**「人前で怒らない」がモットー**だという、顔見知りのママがいました。

ただ、その人は直接的な怒りこそ出さないけれど、こそこそ陰で悪口を言ったり、なんか気に入らないことがあると、なんとも言えない深緑色の、どんよ～りしたオーラを醸し出すんです。

「なにかあったの?」と聞いても、こちらを一瞥して「ううん、別に……」。

出た! 必殺! この時代にリアル「別に」っすわ!

「私、人前で怒るような下品な人間じゃございませんので」って上品ぶってるけど、顔や雰囲気はつねに歪んでいて不幸せそう。もちろん周りの空気はピリついていて最悪です。

子供は、機嫌の悪いお母さんの顔色を伺っていつもビクビク。ママ友もどんどん離れて行きました。そんな彼女と地域の仕事をするたび、よく思ったものです。

「いっそのこと、キレてくれよ!」と。

これは極端な例かもしれません。

だけど、ガマンして抑え込んだ「怒り」は、すべてが消えるわけではなく、大なり小なりどこかで誰かにぶつかることもあるのです。それが、元の怒りに全く関係のない部下や友人、家族や子供だったら。

そうなる前に、しかるべき矛先に、しかるべき怒りを、過剰ではなく適度な温度で伝える方が、健全ではないでしょうか。

加えて、身勝手で理不尽な「怒り」ならいざ知らず。

先にあげたような、良くない態度で接客する店員や公共の場で、マナーを守らず、失礼な行為をしてくるおっちゃんや小学生みたいに、どう考えたって「相手が悪い」ときは、**適度に怒りを伝えることは世直し**でもあります。

◆怒るのが苦手な人でもこれなら言える

怒る＝大人気ない、ガマンがきかない、恥ずかしいこと。

そんな風に思っていませんか？

怒りの感情を持つこと、それを相手に伝えることは、なにも恥ずかしいことではありません。

非礼や明らかなマナー違反に、あなたが怒りの言葉をグッとガマンしたとしても、相手は当然、**感謝もしなければ反省することもなく、悪いことをしたことにも気づかない。**きっとこれからも繰り返して、他の人たちが同じ思いをすることでしょう。もしかしたら、放置したことで怒鳴られたり、ケガをしたりすることだってあるかもしれない。

そしてあなたは、お金を払って気分を害し、せっかく味は良いのに行きたくないレストランがひとつ増えて、大きなストレスもひとつ増えるかもしれません。

このように、**理不尽なことに対する怒りをガマンしてばかりでは、自分はモヤモヤするうえに、相手のためにも世の中のためにもなりません。**

ときには、優しさだと思って、怒りを伝えても良いのです。

なんでもかんでもすぐ怒る人になれ、と言っているわけではありません。

怒りのままに感情をぶつけるのも、良くありません。

重要なのは、やっぱり、伝え方。

怒りの伝え方は、相手に怒鳴るだけではないのです。

怒るのが苦手な人は、「怒る」のではなく「教える」に変えてみてはどうでしょう。

横柄すぎる店員さん。もしも、その場の空気を悪くしたり、注目されたくなければ、直接本人に言わずとも、そっと店長にお願いして、注意してもらえばいいのです。

割り込みおじさんには、笑顔でサラッと、「あ、並んでますよ？」と。

「あなた別に割り込むつもりはなかったんだよね？　うっかり入っちゃったんだよね？　わかってますよ」という「フリ」をしてそっと教える。

子供には、小さな声で「危ないし、周りの迷惑になるよ」と、教えてあげる。

どうでしょう。「怒る」よりも、はるかにハードルは低いはずです。

しかも、**声を荒げなくても、「それ、やめて」という意思は伝わる**はずです。

これでひとつ、世の中が良くなるかもしれないし、なにも変わらないかもしれない。

でも、ガマンしなくていいので、**確実に心はスッキリ**します。

もし逆ギレされたら？

そこでこそビシッと怒りたいところですが、場合によっては相手がヤバいやつで事件に発展しかねないので、ちゃんと引くところは引きましょう。

けっして「逆ギレ上等！　ビビらず怒ったれ！」という話ではないですからね。

少なくとも**「怒ることは悪いことじゃない」**と前提を変えてほしいんです。

みんながうじうじガマンしながら生きたり、弱い誰かに知らず知らずのうちに八つ当たりするような、そんなざらついた今の状況が、ちゃんと怒ることによって、ガラッと変わるかもしれない。

正しく怒ることは、自分の心の健康を保ち、世直しになり、相手のことを思っての優しい行動でもある、と心のノートにメモっておいてください。

ときには、**自分にも、相手にも怒った方がいい。**

たまには怒っても、ええんやで。まずは、ここからはじめましょう。

嫌われる怒り方
好かれる怒り方

2

怒ることに慣れていない人は、「期間」を決めて怒りましょう！

◆怒りのキャンペーンをスタート！

とはいえ、やっぱりビシッと怒るのは苦手です、と言う人も多いと思います。
あまり怒ったことがない人が、急に誰かを叱ったり、怒りの感情を伝えるのってハードルが高いですよね。

そこで、私がやってみたのがこちらです。
〝怒りのキャンペーン・セール〟。
いつからいつまで、と期間を決めて、その間はおもいっきり、大安売りするのです。
何を売るか？　って、「怒り」を売るのです。

今でこそ、「おかしい」と思ったことは、思ったときになるべく言う私ですが、何度もお伝えしているように、昔はビシッと叱る、ハッキリとものを言うのが苦手で、若い頃はまだその性格が残っていました。

だから、外で嫌な目にあっても**「文句も言えずに帰ってきたわ」**とか。

会社の人に言いたいことがあっても、「なんや**タイミング悪くて言えなかった……**」とか。

家に帰ってきてから、旦那に「こんなことあって、ガマンしたけど、めっちゃ腹立つわ〜！」と吐き捨てていた。そんな時期があったのです。

ただ、それってストレスがたまります。

家で吐き出すくらいなら、嫌な思いをしたその場で吐き出した方がいいのではないか？

そもそも、おかしなことに「おかしい！」と言ってなにが悪いの？ 相手が悪いことなら、「それ直した方がええで！」と忠告してやれば、むしろ相手のためになるのではないか。優しさやんか！ そうだ、私は優しいんだ。

そんな自分勝手なロジックで、自分のためにも、世直しのためにも**ちゃんと怒る人になろう。**そう決めたのです。

でも、ずっと怒り続ける人になるのも嫌。

そこで、期間限定のキャンペーンにしようと決めて、旦那に宣言しました。

「私、今年いっぱいは、ちゃんと怒る人になります！」と。

そのときから、お店やタクシーで、「それ、おかしくない？」と以前なら、心の中だけで怒っていたことを、意識して口に出し始めました。

正しく怒る。正しく叱る人になるキャンペーンを実施したのです。

◆薬局で頭にきて猛烈に怒ったら……

そんなキャンペーンの実施中。クスリを買おうと薬局に入ったときでした。

個人経営の小さなお店。私が頭痛薬を「どっちがええかな」と思って悩んでいたら、レジの奥の部屋から、ものすごーく不機嫌そうなおばちゃんの店員さんが**口をもぐもぐしながら出てきました。**

「いらっしゃいませ」もないままの、まさかの「もぐもぐ睨み」。
明らかに奥の住居スペースで食事中で、邪魔されたことに苛立っているご様子。
悪いなと思ったのですが、自分に合わない薬の成分もあるので、箱を見比べて早く決めようとしていた矢先……。
もぐもぐおばちゃんは、いかにもイライラした口調でこう言ってきたのです。

「一緒だよ。どっちも」

え〜！　うそん‼

そう思ったのですが、あまりの迫力と驚きで、こう言ってしまいました。

「あ、すみません」

思わず反射的に謝罪し、右手に持った方をレジに持っていきお会計をしてもらっているると、体の奥の方から、あっつーい何かが湧いてくるのを感じました。

これはアレだ。そう、「怒り」です。

あまりのことに追いつかず、遠くの方から急いで走ってくる怒りちゃん達が息切れしながら何かを叫んでいます。

「……ペーン　……キャ……ン　……キャンペーン中やろ！　いけーー！」

思い出した。（再起動）

私、怒りのキャンペーン中だった!!

そう、私は、今年いっぱい、おかしいことにはおかしい！　と言える人！

それと同時に、おばちゃんが「ハーア」という感じでため息混じりに乱暴に頭痛薬の入った袋とお釣りをガラスのショーケースに置きました。「早くこれ持って出ていけよ」と言わんばかりの顔で。

もちろん「ありがとう」のひと言もなく、体はもう奥へ戻ろうとしています。

「ちょっと待って。おかしくないですか？」

「え？」と、振り返るおばちゃんに、ノンストップで言いました。

「いや、おかしいでしょ、その態度は！　なーんやそれ！　ご飯食べてるとこ邪魔したかなんか知らんけど、**こっちは開いてる店に入ってきて買い物してるだけやから！**　そんなに客に来てほしくなかったら店閉めてたらいいやん！　私が、店閉めてるのに無理やりこじ開けて入ってきて買い物してるなら、そら、こっちが悪い。でも、開いてるやん？　**思いっきり営業中やん？　開けてるんそっちやん？　じゃあ、ちゃんと接客して！**　あと、入ってる成分が違うのに一緒ってどういうこと？　一緒なわけないやろ？　効果は一緒かも知らんけど、人によっては成分に合う合わんがあるやろ！　**迷ってる客がいたら聞くのも仕事ちゃうんかい！**　そんな感じやったら店潰れるで～！」

おばちゃんは、目を丸くして黙って聞いていました。

そりゃそうです。

最初に「すみません！」と謝った人間が、なぜかめっちゃ怒ってるー。

そのあと、いろいろ考え遡った結果、心当たりがあったのか（ただ単に、やばいやつだと思ったのか）絞り出すようにひと言、こう言いました。

「あ…すみませんね……」

「はい（退散）」

あー、言うた。

思ってること全部言えたわ。怒ったわ。

いやー、スッキリした。

思い切って怒ってみて、気持ちがスッキリしました。

もし、あのままガマンして帰ってたら、寝る前にもう1回思い出して枕の角を噛みちぎってるところでした。

旦那のこともかじってたかも。危ないところでした。


ただ、スッキリはしたのですが……。

同時に**「ちょっと言い過ぎたかな」と反省**もしました。

よくよく思い返してみると、ちょっと感情的になり過ぎた、長く怒り過ぎたかも。

怒りをただぶつけるだけ、こわいだけ、だとあかんな。もうちょっと柔らかく言って、途中、怒った方が耳を開いてもらえるな。お笑いと一緒やな。

そんな具合に、このキャンペーンによって怒りの伝え方を編み出したところがあるのです。

◆怒るのに慣れ過ぎてもダメ

習うより、慣れろ。

キャンペーンで、怒ることを練習し始めると、**「どうすればビシッと怒れるか」「言いたいことを伝えられるか」「嫌みなく聞こえるか」と、改善点が見えてきます。**

それは芸人の稽古も同じだし、番組でご一緒したプロのアナウンサーの方も言っていました。

もうキャリアも相当あるアナですが、今も時間があれば「ひとりで鏡を見ながら、喋っている表情、声のトーンを自らチェックして練習している」そうです。どんな顔で、どんな声で伝えれば、効果的に響くか。冷静に伝えられるか、と。

アナウンサーは「伝える」のが仕事。生放送の限られた数秒の中で、瞬時に自分なりの「悲しみ」や「怒り」を乗せたコメントで視聴者に訴えかけることもあります。

なので、みなさん「自分の研究」に余念がないのです。

私も、そんな怒るキャンペーンによって、怒り方の稽古を1年弱重ねた結果、**「ここは怒ってええときや」「ここはやさしく入って、ビシッとしめよう」**などと怒り方を磨いてきた自負があります。

慣れるまでは、事故もあるかもしれません。

普段怒り慣れていない人がいきなり怒ると、つい「悔しい」とか「腹が立つ！」という感情が勝り、ワナワナ、ガクガクして言葉も内容も破茶滅茶になって、**本来伝えたいことが全く伝わらずに終わることもあります**し、あまり頻繁に怒りすぎてしまうと、**「ただ怒りっぽい人」**になってしまいます。

最初はこまめに感情を出しながらも、慣れてきたら自分をコントロールしながら効果的に怒ることができるまでキャンペーンを延長するのもいいかもしれません。

ただひとつ、気をつけたいのが、キャンペーンをやり過ぎると、**悪い意味で「怒り慣れ」するリスクがある**こと。

私も年内でキャンペーンを終えると決めていたので、年が明けて初詣に行くクルマの中で旦那に**「よし、もうキャンペーン終わり。年も変わったから、もう今日からは怒りません！ 神様にも報告します！」**と宣言したんですね。

神社の駐車場に入るための長い列に30分ほど並んで、やっともうすぐ私たちの番、というときでした。

直後、反対車線を走ってきたクルマが、ガーッとUターンして、私たちのクルマの前に割り込んできたんです。

「ちょ！ みんな並んでんねんけど！」

気がついたら相手のクルマの運転席の窓の外にいました。

中には、ふてぶてしい顔の家族づれ。

運転していた父親は、「なにが？」と、とぼけています。

あかん！　キャンペーンは終わってるんやった！

でもこのまま譲るのも悔しい！

悩んだ結果、握った拳を振り上げました。


「……ジャンケンする？」


怒ってないので、もちろん笑顔です。

私の中では、最大限の譲歩だったのですが、こわかったのでしょうか。

後部座席の母親が「ねぇ、行こうよ」と小声で父親に声をかけ、クルマは無言で走り去って行きました。

後ろで見ていた我が家のクルマの中の旦那には、完全に私が相手の窓を叩き割ろうとしているように見えたそうです。無事初詣をして、神様には「さっきのはナシで」と謝りました。

あまり怒り慣れしてしまうと、急にはキャンペーン終了できないかもしれませんので、気をつけてください！

嫌われる怒り方
好かれる怒り方

3

怒るときはサンドイッチ型がおすすめ。喧嘩になりません

◆逆ギレされにくい怒りのパターン

怒りたいけど、逆ギレされるのがこわい……。

ビシッと怒れない人、怒るのを避けがちな人の理由で、最も多いのがこれかもしれません。

だからって、「そういうことしたら〜、いけないと思います〜、なぜかと言うと〜、ダメだからです〜、なぜダメかと言うと〜〜」なんて、昭和のマンガの学級委員長みたいに**弱火でコトコト怒っても、迫力もないし、聞いていられません。**

自分で言いにくいからって、「あの〜、私は別にいいんですけど、あっちのほら、あの向こうの方の、どちらかと言うと北北西の方向に近い位置のテーブル付近にさっきまでいたお客さんがなんか怒ってましたよ」なんて**遠回しの怒り方はまわりくど過ぎる。**

場合によっては「なにそれ、嫌み？」と、むしろ相手の逆鱗にふれそうです。

おすすめの怒りの型（パターン）があります。

実はこれ、自分ではごく自然にやっていたことなのですが、インタビューの中で編集の方に、「それって**サンドイッチ型**ですね！　**逆ギレされにくいパターン**ですね！」と褒められたので、なるほど、そうなのか！　と気づかせてもらいました。

せっかくなのでそのまま紹介しちゃいましょう。

とにかく、逆ギレされそうな強めの相手に、ちゃんとビシッ！　と怒りながらも、怒られた相手は「何だと！　……おう…そうかもな…」と、最初は怒りが湧いても最終的には納得してもらえそうな怒り方。

それが**「サンドイッチ型」**です。

なんだ、それ？　と思われたと思うので、編集の方が「これぞサンドイッチ型です」と言ってくれた例をご紹介しましょう。

◆家事をバカにされてブチギレた

２０１９年の９月。

ＳＮＳでも発信力のあるインフルエンサーの方が、ご自分のツイッターで**「家事なんて1時間で済む。世の中の主婦ってなにをやっているの？」**といった書き込みをし、拡散されていました。

その直前に『夫が知らない家事リスト』という本を書いて、「主婦には夫たちが見逃しがちな家事が、しこたまあるんやで。ぜひわかってほしい！」と訴えていた私にとっては、聞き捨てならないつぶやきでした。

カチン！　ときた私は、自分のブログに、反論を書いたのです。

いつもの調子で。それが、「サンドイッチ型」だったようです。

ちょっと長いですが、ここに転載します。

…………………………………………………………

○○氏が家事のことでつぶやかれて炎上されてましたね。

奥様が3週間くらい海外に行っている間、○○氏が家事とお子さん3人の育児をされてたそうで、「俺の1日の家事時間、掃除、洗濯、食事・子供のお弁当の用意（3分で済む）など全部で1時間ぐらいだったけど。12歳未満の子供のいる女性の家事が平日1日8時間って何やってるの？　素朴に疑問。キャラ弁でも作ってるの？」ですって。

へぇー…いいですねー。

私の1日の家事時間、掃除・洗濯・食事・子供のお弁当の用意（3分では済まん）だけなわけないから。

食材や日用品の買い物行ったり（ネット注文でも時間かかる）、掃除機する前にふわふわで家具や高いところのホコリ取ったり、そろそろ夏に使ったものや扇風機をバラして部品洗ってしまったり、秋物出して服も靴も衣替えしたり、玄関の掃除したり、家中の鏡拭いたり、洗剤やシャンプーの詰め替えしたり、まな板や布巾や子供の食べこぼしを漂白したり、使いっぱなしで置いてる傘を干してくるくる巻いてしまったり、からまった充電器やらのコードほぐしたり、水道周りの銀色の部分を磨いたり、お風呂の換気扇の掃除したり、トイレの掃除は使う部分だけじゃなく床や壁まで拭いたり、誰かが置いて行ったトイレットペーパーの芯を捨てたり、洗濯機の横の排水溝の掃除をしたり、時計の電池を交換したり、ハンカチにアイロンかけたり、包丁研いだり、家族の歯ブラシの状態を見て交換したり、郵便物を仕分けしてしかるべき場所にしまったり、子供の体操服にゼッケン縫い付けたり、子供の持ち物に名前書いたり、子供の赤白帽のゴムがビヨンビヨンに伸びてたら付け替えたり、子供の行事や塾やクラブや習い事のスケジュールを立てつつ予防接種のスケジュール立てて病院に連れて行ったり、子供の習い事の情報収集して見学行ったり、習い事の送り迎えしたり、子供の人数分の保護者会行ったり、ＰＴＡに参加したり、地域の集まりに参加したり、子供が使い終わったノートからベルマークだけ切って集めたり、子供のメガネの度やメガネの幅の状態を把握してメガネ屋さんに調節しに連れて行ったり、ハロウィーンという親にはいまいち馴染みのない祭りに参加する子供の衣装をなるべく他とかぶらないように考えて揃えたり、ハロウィーンでお友達に配る用のお菓子を買ってきてかわいくラッピングしたり、ハロウィーンはまだいいけどイースターってなんやねん、今まで日本にそんな習慣なかったぞ！　何食べて何すりゃええ祭りやねん！　とママ友と愚痴ったり…。

8時間でも終わらんねんけど!!
なんやったら、まだまだやることあるわ!!
そもそも、家事って終わりあんの!?
ないー!!
やった側から次々と新たに生まれる家事・育児に終わりはない！
キャラ弁？　私は今はもう、作ってないっすよ！

それでも時間が足りんのですよ！

たった3週間、家事と育児を乗り切るなら余裕ですけど！

3分お弁当も短期間ならいいけど、何年間も子供に毎日、冷凍&サトウのごはんでいきます？（まあ体には害はないでしょうけど）

もちろん、パパだけで3週間乗り切ったのもとても立派なことですけど、主婦的にはちょっといろいろ聞き捨てならん！

主婦にとって家事は掃除・洗濯・食事の用意・育児だけじゃない！

家庭を快適に保つためには、目に見えない細かい家事が山のようにあり、内容も日によっても季節によっても多種多様、「基本の家事」にやることがいっぱい上乗せされるので、時間は足りません。

しかもそれが、毎日毎日一生続く!!

ぜひ、○○氏には私の『夫が知らない家事リスト』読んでいただきたい。

今回家事リストを書籍化するにあたり、書き出したら通常の家事・育児だけでなんと！　２１１項目になりましたよ!!

赤ちゃんがいたらこれに89項目プラス！　季節もの・イレギュラー家事も85項目！

たぶん、まだ見落としている家事もあると思います。それを休みなしで何年も何十年もこなす主婦、そんなバカにした言い方しないでほしいなぁ。

各「夫が知らない家事」の詳しい解説（というか文句？　のような旦那様へのお願い）も書いてます！

そして、○○氏には、ぜひ日々の家事を一生1時間で終わらせるコツを書いた本を出してほしい！

私、絶対買うわ!!

・・・・・・・・・・・・・・・・・・・・・・・・・・・・・・・

以上です。

まあまあ怒ってますね。

弱火で始まったかと思いきや、途中から強火でゴンゴン炒めています。

でも、世の中の主婦の皆さん、これは怒ってもいいですよね⁉

◆まず笑い、次に怒り、最後に笑い

一体どこが、サンドイッチになっているのでしょうか。

編集さんの説明によると……。


『このエントリー、**出だしからいきり立って怒っているわけではありません。**

「家事なんて簡単だ。世の主婦、なにしてんだ」という彼のツイートを取り上げながらも、「へー…いいですね」と冒頭はまずしっかり相手の言い分を聞いて、ニコニコと受けとめている。

しかし**途中でギアチェンジ。**

「んなわけ、あるか！　こんなに家事ってあるねんで」という怒りを存分に込めながら、「私の1日の家事時間、掃除・洗濯・食事・子供のお弁当の用意（3分では済まん）だけなわけないから」と強く、しつこく、**「夫が見えてない家事ってこんなにあんねんで」**と具体例を出してまくしたてて、反論しています。今気づいたけど、これ、アレじゃないでしょうか。

「そうそう、それそれ……　なんでやねん！」

ノリツッコミの要領ですよね。

そして**終盤はシフトダウン。**

一方的にまくしたてるのではなく、「ぜひ日々の家事を一生1時間で終わらせるコツを書いた本を出してほしい！」「私、絶対買うわ!!」と相手を少しリスペクトするかのように、イジって終わらせている。なんなら「こんな本書いたら売れますよ」という企画の提案までしている。

少なくとも、怒って、怒鳴って終わらず、少しの笑いで終わらせているんです。

そう、どんなに怒ってツッコミを入れていても、最後にはフッと力を抜いて「キミとはやってられんわ」と丸めて余韻を残してから舞台を去る、**往年の漫才師のアレ！**まさに「怒」「怒」「怒」と畳みかけるのではなく、**「笑」「怒」「笑」**と、笑いといううふわふわのパンに怒りの感情という熱々で分厚いお肉を挟み込んだ、サンドイッチ型の怒りのエントリーや〜〜！　と、いうわけです』

……なるほど。わかりやすい説明ありがとうございました。

自分では気づきませんでしたが、言われてみればそうかもしれません。

怒るとき、**一本調子になる人**がいます。

「何も知らないくせにテキトーなこと言うな！（怒）」

「掃除・洗濯・食事・子供のお弁当……。家事がそれだけなワケないやろ！　アホか（怒）」

「もう二度と調子こいて、お前の小さな小窓から見た世界を、発信するなよ！　世界に（怒）」

「怒」「怒」「怒」……こんな具合に、どこを切り取っても怒り口調で語り続ける。けれど、頭ごなしに「なんやねん、お前！」と文章で殴りかかったら、それこそ向こうも「お前こそ、なんや！」となるに決まっています。

他人の態度は、自分の態度。

いきなり怒ってこられたら、喧嘩売ってんのか？　と思われても仕方ない。関係性もないのならなおさらです。こちらも、喧嘩がしたいわけではない。なぜ怒っているのか。そこに、わかってほしい理由があるはずなのです。

◆相手を傷つけたいわけではない

冒頭の○○氏の発言に戻ると、ツイッターで教えてもらったとき、確かに私は「間違ってる！」と感じたし、「そういう主婦をバカにするような誤ったことを、大声で発信してほしくない！」と怒りを感じました。

「おいおい待て待て！」と**すぐにでもリプライを飛ばしたい衝動**にかられましたが、

そうしたら泥沼のけなしあいが始まったかもしれない。そんなことはしたくない。

冷静になってみれば、相手もただ「勘違いしているだけ」とも言えます。私たち主婦を苛立たせたいと思って発言したわけじゃないですしね。なのに、いきなり頭ごなしに怒るのは、いかにも失礼です。

そもそも私は世間の家事を頑張っている主婦の皆さんに「違いますよね、こんなに大変ですよね」と言いたかったのと、書いた本人さん含め、世間の家事を誤解している人たちに「それ違いますよ、こんなに大変なんですよ」と伝えたいだけで、**相手を傷つけたいと思っているわけでもありません。**

しかし私がブログでただシンプルにののしると、その嫌な言葉を、ご本人はもちろん、奥さんやお子さんが見ることだってありえます。

とくに文章では、怒りの表現がシンプル過ぎるとトゲトゲしくて不快になるだけで、逆に真意が伝わらないこともありますし、いろんな人が読むものは、たとえ怒りの文章だとしても、できるだけ楽しんで読めるように気をつけないと、嫌な気持ちになる人が増えて、私も嫌な気持ちになる。

感情に流された怒りは、そんなネガティブな空気をどんどこ広げていくことにしかなりません。

だから、明るい言葉と笑いの要素で、「怒り」を挟んでみたのです。始めよければ終わりよし。終わりよければすべてよし、です。

最初と最後にポジティブな言葉をかけることで、相手にも、周囲で聞いている人にも、悪い印象は残りにくくなります。

この伝え方は、頭ごなしに怒るより、話を聞こうという姿勢を持ってもらえやすくなり、直前の苦言も「自分のために言ってくれたのだな」と前向きにとらえてもらえやすくなる気がします。少なくとも、逆ギレはされにくくなると思うんです。

ハッキリともの申したい。

怒っていることを感じ悪くなく、伝えたい。

そんなときは、このサンドイッチ型を意識してみるといいのかも。

「怒・怒・怒」ではなく、メリハリをつけて**「笑・怒・笑」**でしっかり怒りましょう。

ところで、その後お相手からはリプライも飛んでこないし、逆ギレもされませんでした。大人の対応をしてくれただけかもしれませんが、どこかで伝わってくれていたらうれしいです。

あ、もしかしたら、今ごろ「日々の家事を一生1時間で終わらせるコツを書いた本」を執筆してくれているのかもしれません。毎日の3分献立、教えてほしいな。朝サンドイッチ、昼おにぎり、夜サンドイッチとか？

サンドイッチでおにぎりを挟む、サンドイッチ型献立かな？

ぜったい買いますよ！

嫌われる怒り方
好かれる怒り方

4

あえて人前で怒りましょう。1対1は嫌われるもとです

◆大勢の前で怒ってはいけない？

「怒ったら、つい感情的になりそうで自分がこわい」
「歯止めが効かなくなりそうで……不安」

ビシッと歯切れよく怒れない人には、こういうタイプも多いようです。

もしかしたら、かつて友達や家族の前で怒ったが最後、自分で自分をコントロールできないほどに、怒り散らかしたことがあるのかもしれません。

そのせいで、**相手に嫌われ、絶交や絶縁などされてつらい思いをした、**なんて人もいるかもしれません。

そういう方は、**「怒るときは人前で怒る」**を試してみてはいかがでしょう？

「え、逆じゃないの？」と思われたかもしれません。

怒るときは、人のいないところで——。

会社でも学校でも、子育てなどでも、よく言われますからね。

誰かを怒るとき、大勢がいる場所で怒ると、怒られた方のプライドがおおいに傷つきます。

他の人に「あいつ怒られてるぞ」と広く認識されるため、恥ずかしさも、悔しさも倍増するからです。そのダメージはめっちゃ大きい。

大き過ぎて、心を閉ざされ、怒ることで本当に伝えたいメッセージが、むしろ伝わらなくなる。場合によっては、逆恨みされるかもしれません。

意味がないうえに、リスクまである。

だから、怒るときは人のいないところで「1対1の方がええよ」というわけです。

ただし、コレ「全部が全部そうとは言えないんちゃう?」と、思うんです。

密室で、1対1で怒ると、歯止めが効かなくなることがあるからです。

◆DVや虐待は閉ざされた空間で起きる

私たち人間は、**「人の目をとっても気にする」**生き物です。

家にいるときは、スウェット上下に髪ボサボサの人も、ひとたび家を出て、会社や学校に行くとなると、それなりに身なりをキレイにして出かけます。

誰にも会わないのなら、どうでもいい。けれど、人の目があるからそうするのです。

怒るときも同じです。

子供が火遊びをしていて、「危ないやろ!」と強く叱る。

取引先に対して、失礼な態度をとった部下をキツく怒る。

どちらも、怒らざるをえないシチュエーションです。

ただ、**密室で1対1になり怒ると、エスカレートしがち**になります。

「こんな子供に怒声をあびせるのは、大人げない人だ、ひどいやつだと思われないか」

「部下だからといって、偉そうに大声を張り上げるのは、上司失格ではないか」

こうした**人目を気にするからこそ感じとれる「客観性」**が、密室ではなくなるからです。

ワイドショーなどでよく話題になる、家庭内のＤＶや幼児虐待、あるいはパワハラ、セクハラも、「密室」でこそ起こっているように思えます。

最初はちょっとしたお説教や注意喚起だったはず。

けれど、閉ざされた空間は、親と子、上司と部下といった、**上下関係をムダに増幅させて**しまいます。

他人の目もないから、**「やりすぎでしょう！」と止める人もいないし、「やりすぎかな」と自戒するチャンスも減る。**

スウェット上下で髪ボサボサ状態の、飾り気ない暴力行為が、言葉でも、場合によっては体を使って行われる危険が高まるのではないでしょうか。

家の中で子供を叱るなら、パートナーでも兄弟でも、必ず第三者がいる場の方がいい。

会社で誰かを怒るときは、誰か別の同僚がいる前で、落ち着いたトーンで伝えた方がいいこともあると思います。

客観的な目線を手に入れるため、実際に観客を用意して臨むのです。

ギュッとブレーキになるはずです。

嫌われる怒り方
好かれる怒り方

5

相手の立場に合わせて怒り方を変えると効果的です

◆相手の背丈に合わせて怒る

「なにダラダラしてんの？」

「早く寝なさい！」

「はよ起き！」


娘に対して、よくそんなふうに叱ることがありました。

実のところ、今もあります。

できればのびのび育てたいのですが、どうしても「わー！」と大声を張り上げてしまうことがあります。張り上げた方が、伝わることもあります。

ただ、そのとき、私がひとつだけ気をつけているのは **「背丈を見て叱る」** ことです。


小さな子供が、物事がよくわからないのは当たり前です。

あれこれとていねいに教え、成長とともに理解させなければ、できることなんて限られています。

失敗だってたくさんする。それなのに、**頭ごなしに「なにしてんの！」「なんでこんなことができないの」と叱るのは、あまりに親の勝手**でしょう。

子供が小さいときは、「こうじゃなくて、こうやるんよ」「ああいうときは、こうしてね」と叱るのではなく、**正しいやり方を教えることに時間をかけました。**

そもそも、小さな子供の体から見て、めっちゃ大きく見える大人が、大声を張り上げて目くじらたてていたら、もう大鬼にしか見えないはずです。

自分の身に置き換えて想像してみてください。顔を上げて見上げるくらい巨大な人に、めちゃめちゃこわい顔で見下ろされて、自分より遥かに大きな太い声で、ちょっと難しい言語で怒鳴られるのですよ。いや、こわすぎるでしょ。

ただ、少しずつ背丈が大きくなってきたら、叱るべきときは叱る。

むしろ、誰かを傷つけたり、自分が傷ついたりしないように、きっちりダメなものはダメと強く言い聞かすべきときが来たとも言えるでしょう。

◆自分の感情よりも相手の目線を優先

これは仕事のうえでも同じだと思います。

自分が役職者で、まだ新人の子を叱るとしたら。

やはり頭ごなしに言うのは得策ではありません。

キャリアや役職の差が、そのままこわさになってしまいます。

あなたが思っている以上に、**相手にはあなたが大きく見えているに違いありません。**

背丈の小さい相手には、優しく伝えた方がいい。


ただ、少し成長してきて、一人前になってきた部下ならば、ときにキツめの言葉を投げかけることもできるし、成長の機会にもつながるでしょう。

少し前に亡くなった野村克也監督は、**「人を見て法を説け」**と言っていたそうです。

人はそれぞれ性格や性分が違う。

強い言い方に発奮する人もいれば、あまり強く言われるとしょげる人もいる。

逆におだてて伸びる人もいる一方で、おだてると調子にのりすぎダメになる人も。

同じように、怒るとき、叱るときは、相手を見て言う。

相手の背丈を見て、言葉を投げかけるのがいいのではないでしょうか。

言い方を変えると、誰かになにかを伝えるときは、**自分の感情ではなく、相手の目線が大切**なのです。


よく思うのですが、これは芸人も同じなんです。

◆自分目線のせいでウケなかったネタ

「惜しいなぁ」

今私は、自分もかつて通っていた吉本興業の芸人養成所「ＮＳＣ」で、講師として後輩たちを指導しているのですが、そんな風に感じることが、多々あります。

ネタもつくり込まれて、言葉選びもけっこういい。

なのに、まったくウケない、「惜しい」子らがけっこういる。

理由は明白なんですね。

〝自分目線〟でしかネタを見てないから。

いくら自分がおもしろいと思ったネタでも、そのおもしろさを決めるのは、客席のお客さんです。お客さんに伝わる形で、ネタが伝えられなければ、スベるのは当然です。

ネタは、**自分目線ではなく、お客さん目線**でつくるのが正解です。

たとえば、笑いのネタは、最初に「フリ」があるから「オチ」が効いてきます。

芸人はネタを考え、磨いているうち、「オチ」の部分にばかり目が行きがちになります。しかし、見る側のお客さんにとっては、わかりやすく、気の利いた話の前段＝「フリ」がしっかりと伝わって、はじめて「オチ」で笑えてくる。

むしろ説明的な「フリ」をもうひとつ加えたり、丁寧に書き換えたりした方がよほど伝わり、笑えます。

私自身、養成所で漫才師を目指していた頃は、自分目線が強すぎて、スベった経験が何度もあります。

小学校からの同級生と2人で、女性漫才コンビを組んでいました。

ツッコミを私が担当、相方がボケでした。

2人でネタを一生懸命考えて、たくさん練習して、ネタ見せの授業に臨みました。

だけど、自分たちが思っているより、さほどウケないのです。

なんでやろ、とコンビで話し合いましたが、答えが出ませんでした。

「キミら、ボケとツッコミ、入れ替えてみたら?」

ある日、ＮＳＣの講師に言われました。

相方がいわゆるボケっぽい顔をしていたし、私も普段はツッコミ役だったので、すんなりと私＝ツッコミ、相方＝ボケの役回りを決めていました。

けれど、講師はお客さん目線で見て、それが「つまらない」理由と感じたようでした。ようは「見たまんま」じゃないかと。

むしろ、一見クールで、無表情な私のようなキャラが、無表情なまま不条理なボケをかました方が、ギャップも大きくなる。

それこそ「フリ」がきいて、ネタにいたる構造的な「ボケ」が効いてくると見抜いたのです。


こだわりもなかったので、そんなもんかな？　と言われたとおり、ボケとツッコミを入れ替えて、同じネタをやったら、実際、ウケが違うんですね。

授業で見せても、舞台でやっても、どん！　と違う熱量でウケた。

自分だけの目線だったらたどり着けなかった「気づき」が他人目線、お客さん目線で手に入れられた、というわけです。

◆その言葉、声、表情で伝わる？

「目線を誰かと入れ替える」ということは、ものづくりにおいても、ビジネスにおいても、本当に大切なことです。

夫婦関係や子育てにおいても、相手の目で自分を見たときに、ハッとすることがあるはずです。まず、髪ボサボサはいけません。

イラっとして怒りたくなったら、誰かにもの申したくなったら、まずは思い出してください。

「相手にどう見られているか、ちょっとだけ視点を変えて、考えてみませんか」と。

あなたが怒鳴って、怒って、訴えたいことは、その**言葉、声、表情**で伝わると思います？　と。怒り過ぎたら、耳を塞がれるだけですよ、と。

怒っている自分を、少し上から客観的に眺めてみる。そんなクセをつけるだけでだいぶ変わると思います。

3章

chapter_03

嫌われる　好かれる
「注意する」
ときの伝え方

嫌われる注意の伝え方
好かれる注意の伝え方

1

エールを送る気持ちで しっかり注意するのです

◆注意する人が消えた？

「その態度は、お客様に失礼じゃない？」と先輩が後輩を指導する。

「アカンで。そんなことしたら」と上司が部下にクギをさす。

年長者が、年下や経験の浅い人間に「注意」する。

かつては当たり前のようにあった光景です。

私自身も若手芸人の頃、事務所の人に「声が小さい」「目上の人には帽子とって挨拶しろ」「そこに座るな」などとよく注意されてきました。

しかし今、この「注意する」ことが苦手な人も、とっても増えていますよね。

年功序列、上意下達。

世の中が変わって、そういったピラミッドみたいなものが、「古くさい」と思われるようになりました。

会社でもなんでも、組織はフラットなほど良い。

ちょっと早く生まれたからって、上から偉そうにもの申すのはダサいねん！

そんな考え方が、かつては上下関係が厳しくて有名だった芸人やテレビの世界でも、少しずつ当たり前になり、上の立場になればなるほど、若い人への言葉や態度に気をつけなくてはいけない風潮になってきました。


今の若い人が**「ホメて育てられてきた」**ことも関係してると思います。

もちろん、ホメて育てるのは、私も大賛成。

でも、**「注意され慣れていない」**人が多いのが気になるところです。

ちょっと注意しただけで「キレられた！」「うざい！　老害や！」「パワハラや！」「会社、やめます！」「芸人、やめます！」と、**打たれ弱さを発動する人**が、ずいぶん目立ちます。いったい、どれだけガラスのハートやねん、と。


ただ、触らぬ神に祟りなし。

注意した方は「こうした方がいいよ」と、良くなるためのアドバイスをしたのに、逆恨みされたり、ましてや訴えられたりしたらたまりません。

そう考えて、みんながどんどん注意しづらくなる。それでもって、**注意そのものをしなくなる。**

「まあ、ええんちゃう?」

「若い人の好きなようにしたらいいんだよ」

なんて、一見すると、やたら**フトコロが深いこと**を言う先輩や上司が増えていそうです。

けれど、私は思うんです。**「それは、ただの試合放棄ちゃうんか」**と。

◆嫌な感じに受け止められない注意の仕方

「注意する」という行為は、誰のためでしょう。

自分のためではありません。「相手（＝あなた）」のためを思った発言です。

そんなまずいやり方をしていたら「あなた」が危ない。

そういった考え方で仕事や勉強を取り組んでいたら「あなた」が損をする。


「私が」注意しているのだけれど、本当の主語は相手である「あなた」。


つまり、若手芸人だった私が、厳しく事務所の人に注意されたのも。

駆け出しの放送作家の頃に、ベテランディレクターが苦言を呈してくれたのも。

すべて私への**「もっと良くなれ！」というエール**だったんです。

注意をしてくれた人たちも、そのまた先輩たちから忠言、苦言を言われてきたからでしょう。同じように下の世代に**「善い行い」を受け継いでいきたい。**

「悪い行い」を受け継いではほしくない。

若い人に注意するということは、実はそんな歴史と思いを、世代を超えて連綿と引き継いでいくことなのかもしれません。

それなのに**「逆恨みされたら嫌だから」**とか、**「老害やと嫌われたら損だから」**と、注意することを放棄したら、アカンのちゃうかなと。

後輩や部下、子供たちや、弟、妹を前にして、やっちゃいけないこと、やらない方がいいこと、もっとこうやればいいのに、とあなたが思うことがあれば、どうぞ自信を持って注意して、もっと相手をよくしてやってやってください。

面倒もあるけど、私も「お役目や！」と思って、注意しています。

ただね。「先輩なんやから言うこと聞け」とか、「上司の言うことは絶対や、ちゃんと受け入れろや」なんて、偉そうに注意するのはやっぱりまずい。

ハッキリと注意をするけれど、それでいて相手もちゃんと受け入れてくれて、極端に偉そうにも見えない。

そのための注意の仕方、いくつかの「型（パターン）」を考えていきたいと思います。

嫌われる注意の伝え方
好かれる注意の伝え方
2

「ふつう～」と「あのとき～」は言ってはいけません

◆コレを言ったらおしまいです

これだけテレビで怒っていても、不思議なくらいクレームは少ないです。

今まで人に注意をしてきて、逆恨みされたこともありません（たぶん……）。

もしかしたら、**「人を注意するときにコレはやらない」というルール**を自分の中で守っているからかもしれません。


まず注意するとき、「コレは言わない」と決めている言葉があります。

ひとつは**「ふつうは……」**です。

「ふつうは一度見返してから書類を出すでしょ」

「ふつうの中学生は、これくらいの問題はすぐ解けるやろ」

思わず使いがちですが、**言われた方はカチン**とくると同時に、少し悲しくなるものです。

「ふつう」って、なに？

わたしはふつうじゃないってことか。

子供の頃、誰かと比べて怒るお母さんって嫌でしたよね？

「＠＠ちゃんは、テスト１００点ばっかりらしいで！」

「○○くんはおとなしくできてるのに、なんであんたはできへんの！」

ふつう、を持ち出して注意することは、見えない誰かと比べて注意しているようなものなのです。

しかも、「ふつう」が善で、「ふつう」じゃないのは悪かのように。

だいたい、その「ふつう」って、一体、どこの誰が決めたふつう？

これだけ、みんな違ってみんないい、みたいな世の中になっている中、自分の中の勝手なスタンダードを押しつけるような「ふつう」という言葉を、他人を注意するときに多用するのは、ふつうに考えて嫌われるし、ふつうに炎上しても仕方ないと、フツーに思いま……、あ！

このように、なんにでも合わせやすく、ついつい年中使ってしまう、まるでオフホワイトのパーカーのような「ふつう」なのですが、意識して封印してみましょう。

「ふつう」の後ろに隠れて、自分の意見を言うのは、ちょっとだけ、ズルい。

ふつうと比べてではなく、あくまでも「自分はこう思うんだけど、どう?」というように話してみましょう。

たとえ注意や叱責の言葉だとしても、相手のことを思っての「あなたからの言葉」は、相手もより真摯に受け止めてくれるようになるかもしれません。

◆なるべく〝現行犯〟で逮捕

あとは**「あのときこうだった」「この間、おかしなことしてたよ、アレやめた方がいいよ」**などと、**過去を振り返ってネチネチ注意することもやらない**ようにしています。

自分はしっかり覚えていても、言われた方は意外と覚えていないもの。

悪いと思ってやっていないことなら、なおさら、**「え？　それいつ？　そんなことあったっけ？」**とモヤモヤしながら話を聞くことになるでしょう。

そうなると、せっかくの相手を思っての注意も、「それ、ほんまに私か？　記憶違いじゃないの？　もう～しっかりしてよ」と、いらぬ恨みを買うことにもなりかねません。

だから、なるべく〝現行犯〟での逮捕が望ましい。

もしも、そのときにどうしても言えない状況なら、あとで注意するときはくどくど言わないこと。

とくに子供なんて、3分前のことでも覚えてないことだってあります。

小さな注意ほど、気がついたその場でハッキリと伝えましょう。

ネチネチ長い話より、ズバッと短いひと言。

その方が心に残るものです。

注意する目的は、あくまで悪いやり方を正してもらうこと。

相手をヘコませることではないんです。

嫌われる注意の伝え方
好かれる注意の伝え方
3

褒めるときは何度でも。叱るときは一度だけです

◆「次やったら、怒るよ」というサインを送る

「偉そうだ」と思われたくない。
そんな思いが、**人に注意するときの心のブレーキ**になっている人は多いのではないでしょうか。

だから、やんわりとした注意になる。
ふんわりとした言い方しかできない。
けれど、そのせいで、本当に直してほしいところが伝わらなかったらやっぱり意味がないですよね。

なので、試してほしい型が**「プレ怒り」**です。

1章でも少しご紹介しましたが、これは言いたいことがあったら、頭ごなしにどう

のこうの言う前に、「感想」をハッキリと言う注意の仕方です。ポイントは「今は怒ってない。怒ってないで。けれど、次同じことやったら、怒るかもな」と、**怒りをほんのり匂わす**のです。

会社の部下に頼んでいた仕事――。
雑な仕事には**「雑っ！」**とひと言感想を。

締め切りが、その日の午前中だったのに、夕方の終業ギリギリになって、悪びれもせず「お約束の資料です」と持ってきたなら――。

「遅っ!!」

ひと言、ハッキリと思ったことを素直に伝える、だけ。
コレで終わりです。

そもそも、このタイプの部下は**「自分が締め切りを破ったこと」「仕事が遅いこと」を自覚していない場合が多**いです。

万一、自覚していても、あまり重視していない気がします。

そんな相手に「あのな！　私、いつが締め切りって言った？　もう夕方やんけ。遅すぎるんや。約束守れないなんて、社会人失格もええとこやで！」と、うだうだと説教するのはあまり良い手ではありません。

くどいと思われるだけです。

◆主語を「私」にすれば言いやすい

しかし、**「遅っ！」のひと言は、さっぱりしているけれど、ハッキリしている。**

ポイントは「あなたが遅い！」と言っているんだけど、実のところ「私がびっくりした」と、**主語が私になっていること**です。

相手を非難するより前に、自分がただただ「驚いた」ことを「遅っ！」と感想として言っている。

だから、言葉が強く響くようでいて、言われた方は、それほど嫌な感じを受けないのではないでしょうか。

しっかり注意しているのに、逆恨みされる可能性もぐんと下がるというわけです。


コツは、驚きの表情。

怒りは少なめに。


ハトが豆鉄砲食らってちょっぴり怒ってる、という顔を目指してください。

やりすぎると嫌みになります。ほどほどに。

ボソッと目をそらして言うのもダメですよ、性格悪そうです。

最初は、ちょっとコミカルでもいいかもしれません。

「ツッコミ」と思ってもいいでしょう。

たくさん言いましたが、全然難しくないですよ。

ナチュラルに、素直に、**驚くだけ。**


それでいて、言葉は強いですから相手にちゃんと届きます。

きっとあなたの驚きに、相手も驚くでしょう。

「(えっ！　驚かれた！)」

そして、思わず「すみません！」と反射的に言ってしまうはずです。


この**「2文字注意」**は、良き謝罪のタイミングになることが多いので、なかなか謝罪しない相手に対しておすすめです。

もし相手が謝らない場合は、そのままハト豆フェイスをキープして、謝るまで見つめてみるといいかもしれません。

「あのさぁ、これだけ遅れて、なんか言うことないの？」

「すみません……」

「言われないとわからんか？　ほんまに悪いと思ってる？」

「はい……」

「いや、思ってたら先に謝るやろ」

なんて、**自分も相手も周囲もウンザリな会話をしなくてもいいのです。**


「遅！」

「あっ、すみません！」

そのあとに、「時間は守れよ」とシンプルに伝えたらいいのです。


相手も、怒られるよりはヘコまないけれど、「そうか。声を出して驚かれるほど、仕事が遅かったのか……」と反省はしてくれるはずです。

少し強い口調から、今はまだ怒っていないけれど、**「次に同じように遅れたら、怒られそうだな」**というカジュアルな脅迫にもなる気がします。

だから「プレ怒り」と名づけました。

怒る直前（プレ）やで、というのをふんわり伝えられる効果があるからです。

◆再放送はナシです

褒めるときは何度でも。叱るときは一度だけ。

これはよく私の母が言っていた言葉です。

誰だって褒められるのはうれしくて、叱られるのは嫌なものです。

「プレゼンよかったな」

「こないだの試験、めっちゃできてたね」

褒めるときは、もうしつこいくらい過去を振り返ってネチネチ言ってもいいし、言う方がいい。

けれど、叱るときは、なるべく短く、なにが悪いのか、どこを直せばいいのか、わかりやすく。そして、**二度と蒸し返さない。**

私も子育ての中で実践しようとしていますが、これがまあ、なかなか難しいことです。子供はびっくりするくらい、全く同じ過ちを何度でも犯しますから。「この前も言ったやろ！」「またそれしてる！」と言ってしまいがちです。難しい。

でも仕事や人間関係の中では、肝に銘じています。

ネガティブなことや、耳が痛い言葉は、言われるたびに心に突き刺さります。わざわざ記憶のライブラリーから引っ張り出しての**「怒りの再放送」**は誰も望んでいません。繰り返しのくどい忠言は、理解を深めるどころか、相手をただただ傷つけるだけ。

結果、**「そこまで言うなや、うっさいな！」**と言われた方の防衛反応で、逆恨みされやすい。

だからこそ、「遅っ！」と言うときも、カラッと、スパッと言うのが絶対条件。

間違っても、ねっとり、ガッツリ、こんなおおげさな言い方はしないでください。

「遅っっっっっっそ！」

えっ、歌舞伎？　と思われて終わりです。

嫌われる注意の伝え方
好かれる注意の伝え方

4

注意する前に褒めるのがおすすめです

◆あとで焦って薬を塗っても遅い

「私のことを嫌いだから、なにかと文句言ってくるのね」

部下や後輩にそんな風に勘違いされるのが怖くて、ビシッと注意できない、なんて方も多いそうです。

いくら「あなたのために」と思って言ったことでも、人それぞれ性格があり、みんながみんな、こちらの言葉をポジティブに受け取ってくれるとは限りません。

必要以上に大きく受け取りすぎたり、ネガティブで傷つきやすい人だっています。**言葉で相手を傷つけてしまった場合、焦って薬を塗っても遅いのです。**

「ちょっと言いすぎたよ」「あ、でも、いいところもあるよ、ほら、アレとか」と繕っても、空々しく聞こえ、あなたに対して不信感と嫌悪感が募ることでしょう。

本当に相手のことを思って注意がしたいなら、ぜひ先に、薬を塗ってあげてください。

私が長年実践している方法があります。

ビシッとした注意をしながらも、相手をなるべく傷つけず、自分都合でもなく、**本気で「あなたのために言ってるんですよ」というマイルドな親心を包み込んだ**言い方。

それが**「褒め説教」**です。

旦那の相方で、私の元後輩にあたる2丁拳銃の小堀くんという人がいます。

この小堀くん、漫才師のくせにお笑いに全力投球せず、日々、趣味のギターを弾き語り、ハーモニカを吹き鳴らし、「ＤＪ」と名乗り、調子に乗ってクラブでＣＤをつけたり消したり……　え？　もう何回もこれ聞いた？　再放送してる？

「叱るのは一度だけ」ではすまない人もいるんですね。

さらに、やさしい奥さんやかわいい4人の子供たちをほったらかしにして、遊び歩いてほとんど家に帰ってこない。もちろん家事も育児も任せっきりの小堀くん。ホントに腹が立つし、奥さんに「怒ってください！」と依頼もされています。元先輩として、相方の妻として、全力で注意です。

「弾き語るな！」
「はしゃぐな！」
「目から血でるくらいお笑いのこと考えろ！」

こういった強めの物言いから、世間の皆さんの私のイメージが「怒ってる人」「ハッキリものを言う人」になったのだと思います。

ただ、よくよく聞いてもらうとわかるのですが、**この怒りの言葉を伝える前に、私はいつもちょっとだけ小堀くんを褒めるんです。**

「せっかく漫才はおもしろいのに」

「すごい才能はあるのに」と。

実のところ、私は芸人としての小堀くんを、本当にすごいと思っています。

ネタのおもしろさは抜群です。

有名な話ですが、彼は子供のとき、両親が離婚し、お母さんにひきとられていたのですが、お父さんが「やはり小堀家の家督を継承していきたいから」という理由で親権の譲渡を交渉してきた。

もちろんお母さんは「渡せるわけないやん！」と大激怒。

そして、揉めに揉めた話し合いの末、最終的に**お母さんから40万円でお父さんに売られて交渉成立。**そんな過去を持っている小堀くん。

40万円で売買って、中古車か。

そんな、まあまあハードな生い立ちをおもしろく話せる才能と、不幸を笑いに変えられるキャラクター性、芸人として、なかなかの逸材です。

そんなユニークな生い立ちもあって、つくるネタにも一種独特の奥行きがある。ペラペラの笑いじゃない、彼ならではの視点がちゃんと詰まっているんです。


私はそんな彼の笑いが好きなのに、彼は全然その力を有効活用しない。

歌詞をつくったり、コードをひいているヒマあったら、ネタ書けや！

その方がぜったい喜ぶお客さん多いし、成功するわ！


本気でそう思っているから。

彼の曲よりネタが見たいから、元先輩として何度でも注意するし、**彼を傷つけたい気持ちは一切ないから、**ただけなすのではなくて、「いいところ」を入れ込んでから、説教するわけです。


ただ単に「コラ！」と小堀くんの頭を叩くのではなく、まず先に薬を塗ってから、パッチーンと叩いてるようなもんです。なんて優しいのでしょう。

ようするに「褒め」つつ、「説教する」のが、「褒め説教」というわけです。

◆注意を受け止める受け皿をつくる

誰だって**否定されるのは嫌**なものです。

いきなり「こうした方がいい」「そんなことするな」と自分の行動を否定されたら、**たとえそれが正論でも、聞きたくないし、認めたくない。**

だから、心の扉をそっと閉じて、聞く耳なんて持ってもらえません。

そして自分を守るために、こう思うわけです。

「(注意している) この人は、私のことを嫌いだから嫌なことを言うんだな」

なんとなく、わかりますよね。

だから、ちゃんと「いいところ」を伝えましょう。

「あなたのいいところは知っているよ」「いつも見ているよ」と口に出す。

すると相手は「この人は私のことを見てくれている」「わかってくれている」と信頼してくれ、心の扉がぱかっと開きます。

そこで、**「だけど、ここは直すといいかもね」**とすっと注意する。


「（私のことをわかっている）この人は、私のことを思って言ってくれているのだな」

今度はそう感じてもらえるはずです。

ようは褒めることで、**注意を受け止める相手の「受け皿」みたいなものがぐぐっと大きくなる。**

厳しい言葉でも受け止めようと、事前に準備してもらえる。

少なくとも、感情的になって、**嫌いだから言っているのではない**ことは、それこそビシッと伝わるわけです。

ここを直せば、ぜったいにもっと良くなる。
そう信じているから、ときに厳しい言葉で伝えないといけないこともある。
それが相手にきちんと伝われば、こちらのことも信頼してもらえます。

まず信頼関係。
それができていれば、注意したとしても関係は悪くなりません。

私がテレビで小堀くんに厳しく説教していても、そんなに嫌な感じがしないとしたら。

それは、嫌いで言っているのではない。本当の本気で、小堀くんの芸人としての才能を信じているからこその怒りだということが、テレビの前の皆さんにも、小堀くんにも、伝わっているからかもしれません。

そもそも本気で関係が悪かったら、しんどくてあんな熱量で怒れません！

ただし、小堀くんに響いているかどうかは別ですが……。

ウソのない「褒め説教」は、ぜったいにいつか届くと信じています。

嫌われる注意の伝え方
好かれる注意の伝え方 5

本気で褒めないと注意しても伝わりません

◆適当な褒め言葉は裏目に出やすい

注意する前に、褒めるのがおすすめと言いましたが、「褒め説教」を成功させるためには、まず「褒めるべきところ」をしっかりと見つけておく必要があります。

これはとっても大切なことなんです。

というのも、褒め説教の大切なポイントは、褒めることで**「相手の聞く耳を開く」**こと。

ですが、これはテキトーな、口からでまかせのおべっかをつかって、おだてて盛り上げて、褒めろってことでは全くないからです。

説教の前に指摘する「褒め」の言葉が、しっかりと芯を食った、**真実のリアルな言葉だから響くのです。**

「ああ、この人はちゃんと自分のことを見てくれていたんだ」

「本当の姿を知っていてくれるんだ」

そんな感情が湧き上がるからこそ、「自分を見てくれているこの人の言葉なら聞こう」と思ってもらえるわけです。

だから、普段、その相手――部下なら部下、後輩なら後輩をしっかりと見ておらず、良さをわかっていない人が、薄っぺらい適当な褒め言葉を並べたら、**場合によっては逆効果**にすらなるわけです。

たとえば、たまにいただく、私に対する褒め言葉だってそう。

「小堀さんとのやりとり、最高です！　それにしても旦那さんひどいですね、芸人のくせに弾き語ってばかりで……」

いや！　あれは「旦那」の「相方」やから！　私の旦那ちゃうで！

そこ、ぜったい間違えてほしくないとこ！

リサーチ不足によるこんな悲劇が起こらないように、普段から準備をしておくことをおすすめします。

とはいえ、なかなか人のいいところって、細かくは覚えてないものです。

悪いところは強烈に覚えてたりするのにね。メモってみましょう。

◆メモしておいて次に会った時に伝える

私、メモ魔なんです。

仕事柄、思いついた企画や、漫才の設定などをよくメモります。

そして、友達や仕事仲間、あるいは家族が、なにか「いいな」「素敵だな」「おもろいな」と感じることを言ったり、したりしたら、**それをスマホにメモっておく**のです。

たとえば、テレビに同期の芸人が出ていて、「めっちゃおもしろい！」と思ったら、なんの番組でどんな発言がおもしろかったのか具体的にメモる。

「いいコメント。すごいな」と感心したら、メモるんです。

勉強熱心？　違うんです。

次に会ったときに「言うため」です。

人は**自分が見られていると**感じると、うれしいものですよね。しかも、「あれがよかった」「ここがよかった」と、事細かに言ってくれたら、なおさらです。

私も、何度かそんな言葉をもらって、「ちゃんと見てくれてる人がいるんや」と、すごく嬉しい気持ちになったことがあります。

だから、自分の大切な人や、仕事仲間にも、そうやって「いい！」と思ったところを素直に伝えて、少しでもいい気分になってほしい。

そして、仲の良い人ともっと仲良くなれたり、仕事仲間と気持ち良く仕事ができたら、なおいいですよね。

そんな思いでメモを取り始めました。

「ちゃんと見ているよ」というメッセージを伝えるための、準備です。

そして、このメモが「褒め説教」のときにも活きます。

普段から本当に**周囲の人の「いいところ」を探すようにしている**し、それを「メモっている」から、私は「褒め説教」をするときのネタに困りません。

家族にだって、「この前、布団カバーつけるの手伝ってくれて、ほんと助かったよ！」「昨日、疲れてるのに洗い物してくれて、ありがとね」と、あとからだって思い出したら、ちゃんと伝える。

仕事仲間に「Ｔｗｉｔｔｅｒ見たよ。あの意見はこういうところがすごく共感できたし、すごい勇気」とポイントを明確にして褒める。

そうした自分の周りの人のいいところがわかっていて、いいところをちゃんと見ているということが相手に伝わっていれば。

「ここはこう直したいいんじゃないかな？」ということがあっても、信頼関係のもと、注意やアドバイスもスムーズにできるはずです。

嫌われる注意の伝え方
好かれる注意の伝え方
6

どう注意するかよりも
誰が注意するかが大事です

◆お客さんとのつき合い方を変えたら……

先日、興味深い話を聞きました。

ある人気理容室のオーナーである彼は、昔、**「お客様は神様だと思って接客せよ」**と言われる老舗の床屋さんで働いていたそうです。

そこでは、お客さんが圧倒的に強い立場。だから、予約しても遅刻する人がけっこういた。

また、ちょっとのミスをしたら、もう土下座せんとばかりに謝る必要があったそうです。なんやら、働くにはちょっとめんどくさそうなお店だった。

「自分が独立したら、お客さんとそういう関係を築くのはやめよう」

そう誓った彼は、実際、自分の店を持ったときに、ガラリと変えました。

お客さんはお客さん。大切に接客するけれど、神様ではなく、むしろとても親しい友人や家族のように、いわばフランクに接客することを、自分にもスタッフにも徹底させました。

すると、どうなったか。

予約して遅刻するお客さんなんてほとんどなし。遅れそうなときは、しっかり連絡してくるし、むしろ「すみません」と謝るようになったそうです。

また万が一、ミスをしても——たとえば、シェービングでちょっと傷をつけてしまったときも、「すみません！」ともちろん謝るけれど、それ以上言うことはないし、お客さんも「いいよ、これくらい」と返すようになったそうです。

◆テクニックには限界がある

私はこの話を聞いて、**「どう話すか」**は重要。でも、**「誰が話すか」**はさらに大切なことだなと感じました。良い関係性を築くことができた相手ならば、どんな言葉も伝わりやすいんだと思います。

この章は、ビシッと、ハッキリ注意するのがテーマですが、これも全く同じことだと私は思うんです。

あたりまえのことですけど、普段からちゃんと挨拶する。目を見て話す。

相手が落ち込んでいたら「なんかあった?」と気にかける。

それがないのに、テクニックだけ使っても意味がないのかもしれません。

相手が同僚でも、家族でも、お客さんだとしても。あなたはその相手と心の、気持ちの交換をどれだけしていますか?

気持ちの交換ができている相手なら、注意したり、注意されたりしても、ちゃんとしっかり届くんじゃないかなと、思うんです。

……今、いいこと言ってました?

メモってくれて、いいんですよ?

伝え方コラム

怒るよりも難しい！上手に「褒める」3つの方法

■叱るのは得意だけど、褒めるのは……

怒り方とか、注意の仕方とか、どちらかというと、この本では**「ネガティブな言葉をどうすればビシッと言えるのか」**についてお話しています。

けれど、むしろそういうのは言えるけど、**ポジティブな言葉をかける方が苦手**、という人も実はけっこういるみたいです。

叱るのは得意だけど、褒めるのは苦手、みたいな。

多くは普段、ちょっと**プライドが高いタイプ**だったり、部下は甘やかさずに叱って育てるタイプの人なんだと思います。

だから**「キャラじゃないから、恥ずかしい」**。

そんな思いが湧いてくるのかもしれません。

または、「なんだか褒めると偉そうに思われる」という謙虚さの表れかもしれません。

でも、誰だって、努力をして結果を出したときや、仕事で大きな成果を挙げたときは、やっぱり褒められたいはずです。

家事だってそうです。誰も褒めてくれないと、虚しくなってくるものです。

褒めるというのは、感謝の気持ちを相手に表し、相手のモチベーションを上げることにつながるのです。

でも、褒めるのがどうも苦手。

そういう方に、3つだけ、私が今まで「これいいな!」と思って実践している、スマートに褒める方法をご紹介いたしましょう。

まずは**「褒めない」**です。

■私じゃなくて、部長が褒めてたよ！

私は、人を褒めるようなキャラじゃない。急に褒めたら、ウソを言っていると思われそう……。

そういうタイプの人は、**「褒めない褒め方」**を試してみてください。

「ええ仕事するよなあ」
「ほんと気持ちいい挨拶するな」
「プレゼン、最高やったで」

こんな風にあなたは褒めないでしょう。

あなたは言わないけれど、**「ほかの誰かが言った」**ことを伝えるのです。

「『ええ仕事するよなあ』って**部長が褒めてたよ**」

「『ほんと気持ちのいい挨拶する人だな』と**取引先のIさんが言っていたよ**」

「プレゼン終わったあと、**競合のA社が『やばい』ってつぶやいてたわ**」


もちろん、本当であることが前提ですが、場合によっては**少しだけ盛ってもいい**でしょう。


あなたが褒めるわけじゃないから、ウソっぽさもなくなる。

あなたは**第三者として報告しただけ**です。

すると言われた方も素直に、**「うれしい」「ありがたい」と感情を表しやすくなる。**

そのうえであなたもつけ加えればいいのです。


「まあ、俺もあんな丁寧な仕事できないと思ったよ」

「Aさんの挨拶、みんなにもマネするように言っているんだ」

「私もあのプレゼンは参考にしたいと思った」

すると、こびている感じにも聞こえず、とてもいい感じに褒められる。

相手は、あなたにも第三者にも褒められて、きっとますますやる気になってくれるでしょう。

芸人は、お互いによく褒め合うようです。

本当ならみんな、ライバル同士。

「うまいな」「ウケてたな」と芸人が芸人に思うのは、つらいことでもあるわけです。

でも、芸人同士だからこそ、それがどれだけすごいことか、そこに到達するまでどれだけ苦労したかもよくわかる。

相手をリスペクトする気持ちもあるから、「ええな」「よかった」というのを伝えたい。

お互いに認め合っているからこそ、褒め言葉も素直に受け取れるし、格別うれしい。

そうやって褒め合うことで、互いの芸も伸ばし合えるんだと思います。

自分も作家として、先輩に褒められた経験を思い起こすと、壁に当たってつらいときこそ褒めてもらうとうれしかったものです。

いい企画が浮かばず落ち込むことがあっても、**「この前の企画おもしろかったやん！」**という、たったひと言を糧に、またぜったいにおもしろいものをつくろうと奮起できるのだと思います。

だから本当は、ストレートに自分の言葉で褒めてあげるのが一番ですね。

■すぐに褒めずにあとで褒める

次は、**「時間差・褒め」**です。

相手のいいところをその場で、「いいね！」「すごいね」と褒めるのではなく、忘れたころに「そういえば、この間のあれはよかったね」と時間差で褒めるのです。

うちの旦那も、よく人のことを褒めます。

本人は特別意識しているわけではないようですが、ただ単に、自分も先輩や芸人仲間に褒められたことがうれしかったからでしょう。

テレビで見て良かったことや、共演してすごいなと思ったこと、助かったことなどは、時間が経ってもそれをできるだけ本人に伝えているようです。

その内容が、**「そんな前の、そんな細かいこと、よく覚えてるな！」**ということが多い。しかし、褒められた相手はすごくうれしいものです。


劇場で久しぶりに会った芸人仲間や後輩に、「ちょっと前のあの特番、見たわ。めっちゃよかったな。あの言葉は出てけえへんわ」などと伝える。

本人も忘れた頃に言われるから、「ああ、あれ見ててくれたんだ」といううれしさと、「覚えてくれて、わざわざ伝えてくれるとは」という、感謝まで感じてくれる。


「いつ・どこで・なにをしたこと」に対しての褒めなのか、内容が具体的でしっかりしていることで、**適当におべんちゃらを言っているわけではない、**ということを暗に伝えられるのが、**時間差・褒め**の強さというわけです。

そのためには「記憶」が大切です。

私は旦那のように記憶力がいいわけではないので、先にあげたように、スマホのメモアプリで、人のいいところをメモって記録して、できるだけマネをしています。

そんな風に記録する癖をつくっておくと、時間差・褒めもラクになる。

同時に、**人のいいところに目がいく習慣がつくので、なんだか精神衛生上も良くなって、褒めるのが自然になってくる気がします。**

まさに、いいことづくしです。

ただ、私が最も好きな褒め方は、次に紹介するもの。まだ私もその粋に達していないのですが、あらゆる褒め言葉や褒め技を超越した褒め方、それが……。

「顔褒め」です。

■「言葉」よりも「顔」が効く！

顔褒めは、究極の褒め方だなと思います。

たとえば、スタジオで番組収録中、奥の方で見ているプロデューサーがいます。

プロデューサーはその番組で最も偉い人ですが、控えめにしている人が多いので、本番中はあまり大声で笑ったり、「最高！」などという言葉はくれません。

けれど、**なんだかニヤッと口角を上げて、ウンウンうなずいてくれている。**

声は聞こえないけれど、**心で「ええやんか」「めっちゃおもろいやんか」とテレパシーを伝えてくる。**

もう、なんだか顔自体が「いいね」マークになっているかのような、**「いいね顔」**をして見守ってくださる方がいるのです。

こちらが気づくかどうかもわからないのに、ちゃんと全力で気持ちを表し続けてくれるその姿は、どんな褒め言葉よりうれしいものです。

「あぁ、頑張ってよかった」「次もあの顔が見たいから頑張ろう」と。

そして、ちゃんと自分を見てくれている人のことは信頼しようと思うものです。

そんな本気の「いいね顔」は、ウソやおべんちゃらではなかなかできません。

逆に言えば、褒めるときもやはり本気で、言葉だけじゃなく、本心で相手を称える気持ちが一番響く、ということかもしれません。

恋人や家族や仕事仲間に、「好きだ」「最高だ」「愛してる」なんて照れくさくて言えないときは、「いいね顔」を会得し、実践してみてはいかがでしょうか?

フェイスブックの「いいね」を押すより、リアルで相手に「いいね顔」です。

嫌われる　好かれる

「**断る**」ときの**伝え方**

嫌われる断り方
好かれる断り方

1

ハッキリ断らないと、ドツボにはまります

◆相手との関係性が悪くなるのは避けたい

ホントのところは嫌なのに、頼まれごとを断れない。実は気が進まないのに、お誘いされると断りづらい。そういう方は、とても多いようです。

断れないから、渋々、行きたくもない飲み会に足を運ぶハメになる。

忙しくて、ただでさえパンクしそうなのに**「上司の命令だから……」**と言われるがまま、キツい仕事をねじこまれる。ありますよねー。

「近所でいつも顔を合わすママ友の言うことだし……」とすすめられるまま、環境にいいという洗剤やぜったいに焦げつかない魔法の鍋、目ん玉が飛び出るくらい高価な羽毛布団まで買わされてしまう――。

いやいや、ちょっと待って。そこは断ろう。目ん玉が飛び出るくらい高価な羽毛布団って。ぜったい安眠できないじゃないですか。

頼まれごとや、お誘いを断れない理由は、**「断ったら相手との今後の関係性が悪く

なるから」だと思います。

お誘いに乗らないと、社内や近所、家族といったコミュニティの空気が悪くなる。「なんやねん、冷たいな」とのけものにされたら嫌だ、憂鬱だ、その後、**気まずくなるのは避けておきたい。**

そんな思考で「え…ええ…ぜひ」と答えてしまうわけです。

◆おかしな断り方はしない方がいい

けれど冷静に考えると、断れず、**いやいや「イエス」と言った方が、憂鬱になりませんか？**

本当は嫌だという気持ちを抱いたまま行った飲み会が楽しいわけがありません。

心身ともにつらいのに、無理やり仕事を押し込んだら、心身を病んでしまうことだってあるでしょう。高価な布団で寝不足になったら本末転倒や！

ようは、**断らなかった方が、いやーな気持ちになったりしませんか**と。

残念ながら世の中には、悪意がある人もいます。

「はっはーん。この人はなにを言っても断れないタイプだな」と解釈されたら最後、どんどん行きたくもない会合や、無理めの仕事や、羽毛布団や怪しい電気治療器や変な壺を買わされてしまうかもしれません。

断らなかったせいで、時間やお金を吸い取られてしまう。

まさに相手の思う壺です。

ただ、やっぱり**おかしな断り方をして、完全に関係を切らない方がいい相手もいます**。というか、その方が多い。

「この飲み会はNOだけど、それ以外の会合なら、むしろOK！」

「このタイミングじゃない仕事なら、ぜひぜひお願いしたいです！」

という場合がほとんどだと思います。そんな風に**相手との関係性を壊さず、しかしきっちり断れる言葉**を紹介してみたいと思います。

嫌われる断り方
好かれる断り方

2

断ったのに、なぜか好感度が上がる魔法の言葉

◆断られた上司も傷ついている

最近は、お酒を飲む人が減っているといいます。

とくに若い世代に多くて、**飲み会や宴会が避けられる傾向が強い**ですよね?

個人的にはコレ、少しさみしいです。

今も昔も、芸人の世界では若手芸人はよく先輩芸人たちに飲みに誘われます。

最近では少なくなったかもしれませんが、私が見ていた頃は、劇場で自分の出番が終わっても、先輩が終わるまで楽屋で待つ人が多かった。

そして終演後に、**「ご飯食べいくか」と誘われたら、有無も言わずついていくのです。**

そこで、普段はあまりお話できない、師匠のようなベテラン芸人の方の教えを聞く。

あるいはずっとネタ作りのコツなどを聞きたかった憧れの先輩の意見など、お笑い談義に花が咲く。

そこで生まれるおもしろいエピソードや、いただいたアドバイスが、舞台やテレビで必ず活きるのです。

そういった経験が、芸人として、また放送作家になってからの自分の血となり、肉となったことを実感しています。

そしていつか、後輩やまわりの子たちに、**今度は自分が先輩として声をかけるのが若手芸人たちの憧れ**でもあるのです。

けれど、最近では、にべもなく「あ、すいません。明日早いんで」「ちょっと今日は予定が」と断られることが、多くなったという話を耳にします。

多すぎて、ちょっと傷ついている、**断られるのが嫌で誘うのが恐怖、**という人も少なくありません。

私も、丁寧に断られた経験がありますが、けっこうさみしいものです。

「あ、そうだよね。明日早いよね……（こっちだって早いけどね……）」「予定入ってるなら仕方ないね（最近忙しそうだし、しばらく誘わない方がいいのかな……）」って――。

だからって**「誘いを断るな！」**という話では全くありません。

予定があるのに、無理して調整することはないし、行けないときは行けないとハッキリと伝えなくてはいけません。

ただ、誘う側の仲良くなりたい思いや、断られたときのさみしい気持ちがわかるからこそ、私は、こうした「食事のお誘い」「飲みの誘い」をビシッと断るときに、**工夫をした方がいいんだろうな、**と認識するようになって、そして実践するようになりました。

お酒に限らず、こっちの都合で、お誘いを断らざるを得ないときに、きちっと断りながらも、誘ってくれた相手を、傷つけない、さみしい気持ちにさせない方法――それが**「逆ギレおことわり」**です。

◆本当は行きたいことを伝える

ここで、**誘う側の心理**をひもといてみましょう。

「これからご飯でも行く?」とか「今週末、飲み会あるんだけどどう?」と声をかけます。

もちろん、別件や体調不良などがあれば断られても仕方ない。そうは思っているけど、声をかけるくらいだから、本当は「ぜひ!」「行きます」「行きたい!」という前向きな答えを、期待してしまっているわけです。

なのに「別件が……」「ちょっと都合が……」とにべもなく、あっさりドライに返される。

それがつらい。さみしい。さみしいねん!

そもそも誰だって**「断られる」のは嫌なもの**です。

そのリスクを負って誘っているのに、さらっと断られたら、つらい。さみしい。はずかしい！

言ってしまえば、それだけのことなのです。

だから、大切なのは誘ってくれた相手をさみしがらせないように、**「うわ！　ぜひ行きたい！」**という気持ちはちゃんと示すことかな、と思います。

たとえばあなたが会社から帰るタイミングで「どう？　これから、ご飯行かない？」と先輩に誘われたとします。

しかし、今日はこれから大切な家族との約束があったら、こう言いましょう。

「えーーっ!?　ほんとですか……（がっくし、と肩を落としながら）、もうーなんで今日なんですか!!（キレ気味にやや大きな声で）。今日に限って別件が入ってるんです!!　次は、ぜったい行きますので、必ずまた誘ってくださいね！　ね！」

◆断ったはずのあなたの好感度が上がる

まぁ、ちょっとやりすぎかもしれません。加減はお任せします。でも、多少おおげさでも嫌な感じはしないはずです。

「めっちゃ行きたいのに」というマインドがあるから、「でも、行けない」という自分が置かれた立場に対して、苛立ち、もがき、逆ギレしている。

そんな複雑な、断る方の心理を全面に押し出した断り方が、「逆ギレおことわり」なのです。

言われた方は「そんなキレるほど行きたかったなんて……ええ子や！」と断ったのに、**あなたへの好感度は上がります。**

また大切なのは、「断る理由ではない」ことにも気づいてもらえたらうれしいです。誘いに乗れないのは「旦那さんとデート」でも「子供との約束」でも、なんなら「言わなくても」いいのです。

むしろ大切なのは**「本当は行きたい！」**という気持ちを、ウソでも、しっかりと、多少おおげさに伝えること。ウソではなく本心なら、ちゃんとそれを見せるのです。

断られるリスクを背負い、多少なりとも勇気を出して自分を誘ってくれた相手への敬意として、大人のマナーとして、相手を思ったちょっとした工夫は必要じゃないかな、と思います。

ただ、この「逆ギレおことわり」は弱点もあります。

毎回やっていると「あれ、本当は行きたくないだけでは？」と思われる危険が十分にあります。

あるいは「次って、いつならいい？」と次回は逃げられない約束をさせられるリスクがあるのが、少しだけ問題です。

嫌われる断り方
好かれる断り方

3

メールで断るときは、わざと崩した文章を使います

◆相手を否定する断り方はＮＧ

仕事の依頼を断るのは、簡単ではありません。

私たちのような放送作家という仕事や、芸人や役者、アイドルなど、芸能界で夢を見る多くの人は、「明日がどうなるかわからない」、言ってしまえば不安定な仕事です。

それだけに、仕事のお声がかかったときに、断ったりしたら、理由がなんであれ**「次はないかもしれない」**という恐怖心を抱えている人が多い。

私が断ったあとに声がかかった人が、めっちゃいい感じでその仕事をしたら、当然ですが、次に声がかかるのはその人です。

それに、私を指名してくれたということは、私になにかを期待したり、仕事ぶりに信頼を感じてくれたということ。その気持ちをなにより大事にしたい。

だから、よほどのことがなければ、私は仕事を断らないようにしていますし、**断りたくない。**

ただ、やっぱり「断らざるを得ない」こともあるわけです。
スケジュール的にどうしても無理なのは仕方がないこととして。

たとえば……、
「アフリカの草原で1か月ゾウの群れと生活する企画なんですが……」
これはさすがにお断りするかも！　家庭もあるし。

「昆虫って、パクパク食べられたりします？」
食べられたりしません。すみません。これは断らせてください。

あとは、たまにあるのがこんな依頼。

「野々村さん！　ぜひ、いつものようにクズの旦那さんに対して、強めに説教をしてもらう姿を撮らせてもらっていいですか？」

いや、だからそれ、旦那の相方やーー。

うちの旦那は怒るとこないくらいええ人なのよ！　一緒にすなー！

お断りです。

もっとも、実際は、そんなにすぐさま「できません」「虫、ムリです」とブスッと返信するわけではありません。

「それ旦那の相方ですね！（笑）」はお伝えしますが。

「一度、検討しますが……ちょっと難しいかもしれません」といったひと言を入れて、ワンテンポおくらせて、「すみません。やはりどうしても私には難しいので」「やはりスケジュール的にご迷惑をかけそうなので」と断ります。

ここでのポイントは、「私ができない」「私のスケジュールのせいで難しい」と、あくまで**「こちらの事情」**だとアピールすることでしょう。

無下に「そんなのは無理！」とビシッと返すと、**その企画や依頼内容を否定するようにも見えかねません。**

そこで、あくまで**「私が無理」というアイ・メッセージであることを強調する**のがいいのかな、と実践しています。

一方で「スケジュールさえ空いていたら、ぜひやりたかった！」「この人と一度仕事したかったのに！」ということもあると思います。

こういうときには、**「定型文からの脱出」**を試してみてはいかがでしょうか？

◆自分の言葉にこそチカラがある

たいてい、仕事の依頼はメールであることが多いです。

ビジネスメールなので、どうしても硬めの文章なのは当然のこと。

それに対する「おことわり」のメールも当然、ビジネス調になるのがふつうでしょう。

「このたびはお声がけいただき、誠にありがとうございました。ただ残念ながら、その間は別の撮影が入っておりまして、大変残念なのですが……」

といった具合です。

もちろん、これでも問題はありません。

ですが、きちっとお断りしたうえに、「次回こういう企画があったら本当にぜひやりたいです」という前のめりの気持ちを思い切って素直にそのまま織り込めば、同じ断りのメールでも**「次につながる断り」**になるかもしれないのです。

「このたびはお声がけいただき、誠にありがとうございました。ただ残念ながら、その間は別の撮影が入っておりまして……」と、最初は丁寧に断ったうえで。

ビジネスメールに、あえてフランクな口語を入れてみます。

「このお仕事、ほんっとにやりたかったです！　もし次のチャンスがあれば、ぜったいに声かけてくださいね！」

こんなふうに、お決まりの定型文を最後にポーンと脱出してしまうのです。

「あーあ！　それにしても残念です！」でもいいでしょう。

きっちり失礼なく断ったうえで、**思わず本音が流れ出た感じ**で、ウソ偽りのない素直な気持ちを文面に入れ込むのです。

すると、受け取った相手は、定型のビジネスメールの中に入った、この喋り言葉のような文面に「ああ、本当にやりたかったんだな。じゃあ次も声をかけようかな」と思ってくれるのではないでしょうか。

同時に、記憶に残してもらえるかもしれません。

もちろん、フランク過ぎず、立場をわきまえた言葉選びは必要ですが。**ビジネスだからって本気の気持ちを、嫌みなく伝えるのは悪いことではありません。**

◆敬語を使い過ぎると距離が離れる

これは定型文になりがちなメールだけではなく、**対面でも電話でも使えます。**

お断りの言葉を丁寧につなぎながら、「本当に、めっちゃやりたかったのに!」「くやしいなー!」という率直な気持ちを、自分なりの言葉にする。

やり過ぎてはいけません。

そっと添える程度です。

いわば先に述べた「逆ギレおことわり」のソフト・バージョンです。

考えてみたら、そもそも**敬語は相手との距離をとる言葉**です。

「私なんて、恐れ多くて、近寄れません」。

そんな気持ちを伝える意味で、目上の人などうやまうべき相手に使う。裏を返すと、**親しくなれない言葉**と言えます。

「定型文からの脱出」はその逆への第一歩。

本来、敬語を使うべき相手だけど、「うわあ!」とか「くやしい!」といった、敬語でもなんでもない、感情的な言葉をあえて使うことで、逆にぐっと相手との距離が縮まる。

適度なフランクさは、場合にとっては、〝可愛げ〟にもなります。

悪気はないけれど、どうも冷たく見られがちな人、慇懃無礼なタイプに思われる人

こそ、試してみてください。

失礼に当たらない範囲で、少しだけ近づきつつ、あえて感情を織り交ぜ、断る。

断っているんだけれど、結果として相手との距離をぐっと近づけるチャンスになるかもしれません。

嫌われる断り方
好かれる断り方

4

相手の力を利用する“合気道”的な断り方

◆断るのではなく、相談すればいい

断るのが苦手な人の中には、「ハッキリと言うのが苦手だから」というよりも、**単に押しが弱いタイプ**も多い気がします。

たとえば、忙しいさなかに、仕事を頼まれたとき。

本人は「難しいですね」とハッキリと断ったつもりなのに、相手から「いやいや。まあまあ、キミならなんとかなるよ！」となし崩し的に、うっちゃられる。

結果、**優しさにつけこまれ「しょうがないか……」と引き受けてしまう。**

こういうタイプの方は、いっそどうでしょう。

「ハッキリ断らない」手を使ってみては？

そんな魔法の断り方があるのです。

それが**「相談おことわり」**です。

◆相談すると意見が通りやすくなる

相談って、すごいんです。

たとえば、私は、ひとりで決められるちょっとしたことでも、**家のことはなるべく旦那と相談して決めるようにしています。**

「ティッシュケースの色、どうしよう?」
「今日のお昼のメニュー、なにがいいと思う?」
「今度の旅行先、どこにする?」

だいたい旦那の答えは、**「うーん。どれでもいいよ」「なんでもいいよ」**だったりします。

一方で、私の方はすでに「白がいい」「パスタかな」「ぜったい、沖縄!」と決まっている。だから、結果、私の意見になります。

決まってるなら、相談する必要ないやん！　そう思った方！

そんなことはありません。

たとえ決まっていても、**「相談した」という事実が大事**なのです。

相談を持ちかけるだけで、その私が最初から決めていた答えは、**「ふたりで決めたこと」**に生まれ変わるのですから。


奥さんが相談もせずになんでも勝手に決める家庭も多いかもしれません。

でも、勝手になんでも先に決められるよりも、**「ふたりで決めたこと」に囲まれている方が、ちょっとだけ気持ちよく生活できる気がしませんか。**


私はいつまでも旦那さんを立てたいのです。

何十年経っても、なんでも旦那さんに相談する、かわいい嫁でいたいのです……。


え？　もし旦那が「色は黒！」「昼はカレー！」「旅行は北海道！」と言ったら？

「あ！　それもいいよねー」と言いつつ、「あ、黒売り切れかも」「ルーないわ」「今の時期は沖縄の方が安いし子供も楽しめるかな」とうまく誘導して、最終的には絶対に白買ってパスタ食べて沖縄に行きますよ。

いや、そりゃたまには旦那の意見も通します！　もちろん！

でも「なんでもいいよ」が多いから、せめてふたりで決めたことにしているのです。

ルールや、スケジュールだってそうじゃないでしょうか。

人は勝手に決められるのは不満だけれど、一緒に決めたことはちゃんと守りたくなるものです。

相談によって仲間意識が強まって、いわば共犯になるからでしょう。

ようは**形だけでも「相談」すると、むしろ自分の意見が通りやすくなる**わけです。

◆相手に「無理だね」と言わせてしまう

このすごさ、断るときにも、使わない手はありません。

「明日までにこの資料まとめといて！」

とてもじゃないけれど、手が空いてない状態なのに、上司から仕事をねじ込まれた。

断りたい、けれど、自分は押しが弱い。

そんなときは「嫌です！」「無理です！」ではなく、こう言ってみてください。

「すみません、ちょっとご相談なんですが……」

「嫌」「無理」と拒絶されて喜ぶ人はいません。

ところが、**部下に相談をもちかけられて喜ぶ人はけっこう多い**もの。

「なになに、どうした？」と返してくるはずです。

そこで「相談おことわり」の発動です。

「実は今、部長から指示のあった別件の資料づくりを進めているところで、とても手が離せません。課長の資料もぜひお手伝いしたいのですが、**私の力量ではとても明日までにはムリで、**お受けできないんです。**どうしたらいいでしょうか？**」

相談の形をとっていますよね。

けれど、よく聞くと、ちゃっかり、しっかり断っています。

相談をもちかけられた上司は、自然と解決策を考えざるを得なくなる。

「うーん……それなら、あさってまでならできそうかな？」

「そうか。仕方ないな。じゃあ、別の人に頼むか」

気がつけば、**あなたの敵ではなく、味方となって、**妥協策を練ったり、あきらめたりしてくれる、というわけです。

だって、相談に乗った以上、共犯者ですから。

自分から「無理です」と言うのではなく、**いわば相手に「無理かな」と言わせてしまう、**合気道のような断り方。

押しが弱いなら、相手の力を利用してしまえ、です。

嫌われる断り方
好かれる断り方

5

大事なときに断るために「断る」をとっておきます

◆断られると想像以上に傷つく

電車の中。

駅に着くと、お年をめした女性が大きな荷物を持って、乗ってきました。

座っている私の目の前に。

「お疲れのようだ」

思うやすっと席を立ち、「どうぞ」と笑顔で譲りました。


「いやいや座っててください」

「いえいえ、どうぞどうぞ」

「いえいえ、大丈夫」

「いやいやいや」

「だから、いいですって！」（キレ気味に）

「そうですか……」

シーン。

そして、ぽっかりと空いた席には、関係ないおっちゃんが座ったのでした。

え、なにこれ？

おっちゃん、なにそれ。

いや、おっちゃんも悪くない。

席を譲った私も悪くないはず。

座るのを断った女性も悪くない。

きっと座れない理由があるんや。

座ったらおしりが爆発するのかも。そう思いたい。悪くない。

ただ、**このときの空気は最悪でした。**

最近あったできごとですが、あなたも似たようなシチュエーションに出くわしたことがあるのではないでしょうか？

誰かの誘いを断るということは、その向こう側の人の心をちくりと傷ませていることがある。

悪気はないし、誰も悪くないのに、そんな不幸な事件が小さく起きてしまうことがあります。

少しだけ声をかける側、そして断られる側の気持ちに立つと**「あ、これは簡単に断らない方がいいかもな」**って思うことも多々あると思います。

◆断ることはチャンスを失うことでもある

また、本当に断るべきとき――たとえば「時間的に難しい」「体調が悪い」「ぜったいに許せない行為への加担」など、ビシッと断るべきときに断るために、ちょっとだけしんどくても、**気持ち良く引き受けることがあってもいいいいのかな、**とも。

一度でも引き受けていたら、「今回はどうしても日程が合わず……」「先日、お手伝いしましたが、やはり私には不向きかなと思いまして……」とか、次の断りに説得力も出てきますからね。


つまらなそうな飲み会。

きついだけな気がする仕事。

苦手な上司とのランチ。

けれど、行ってみたら「なんでつまらないのか」「きついのはなぜか」「上司をなぜ嫌いなのか」をあらためて知る機会になり、それはそれで学べてしまうかもしれない。

あるいは「あれ、意外に楽しい」「あ、この仕事、スキルアップになる」「この上司、ええ人かも」と**反転することだって、あるかもしれないのです。**

思わぬ場所で、今よりいい仕事のやり方や、趣味の合う仲間、知りたかった情報、生涯の友人や伴侶を手に入れることだってあるかもしれない。


断ることは、そんなチャンスを失うことでもある。

断ってもいい。

けれど、3回に1回くらいは、断った向こう側の人が、ちくっとさみしい思いをしていたり、反転するチャンスを失っているかもな、とちょっとだけ考えてみてください。

そして、苦手な場所には、ムダしかないと思わず、たまーには、**断らずに、乗ってみよ、**という精神も持ってみたら楽しいで、と思うんです。

5章

chapter_05

嫌われる　好かれる
「お願いする」
ときの伝え方

嫌われるお願いの仕方
好かれるお願いの仕方
1

人に頼られると人はうれしいものです

◆お願いする人は図々しい人？

断るのが苦手な人がいる一方、**「お願いするのが苦手」**な人もいるようです。

この根っこにあるのは、わたしたち日本人が**「人に迷惑をかけてはいけません」**と強く言われすぎたからかなあ、と思います。

もちろん、なるべく迷惑をかけたくない。その意識自体は悪くありません。けれど、そもそも**人は誰かに支えられて**、また**誰かはあなたに支えられて**生きているものじゃないですか？

ただ、そうとも言えないような、世の中が生まれています。

かつてのように近所の人間はみんな自分の家のことを知っているような、のどかな社会が、そもそも見当たらなくなりました。

マンションでも一軒家でも、隣がどんな家庭かわからない。面倒なことになるのが嫌なので、知らないままでいいという人も多いでしょう。

公園や幼稚園で遊んでいる子供たちに「うるさい！」と文句を言う大人も増えてきました。

道に迷っている子供に大人が声をかけると、「不審者ちゃうか」と勘違いされるようになりました。

会社でも、それこそ飲み会や忘年会が忌み嫌われ、**チームというより「個の集団」**みたいな、シュッとした組織こそがいい、みたいになってきました。

なんでもかんでも自己責任や、個人の自由。

そんな風潮だから。

「誰かに何かを頼みづらい……」

「お願いなんて、図々しいと思われそう」

なんて調子で、必要以上に身構えてしまっている人が多いのかもしれません。

あえて言います。
図々しいの、おおいにけっこう！
どんどん他人に頼って、他人に頼みましょうよ！

なぜ？
だって、よくよく考えてください。
誰かになにかを頼まれ、他人に自分が頼りにされる。
それって、けっこううれしくないですか？

◆お願いすると喜ばれることもある

私は、お世話になっている仕事仲間や友人の誕生日をメモしていて、「おめでとう！」とメールやメッセージを送ったり、普段買い物していて「これ好きそうだな」と思ったものを買っておいてちょっとしたプレゼントとして贈ったりします。

相手を喜ばせたい。そんな気持ちが一番大きいですが、**自分が「楽しい」「気持ちいい」というのもあります。**

人間って、実はなにかをされるより、**する側になる方が心地よいのかも。**

誰かになにかをほどこされるより、自分がしたことで、誰かが喜んでくれる方が、うんと気持ちが晴れやかになるんです。

思うに、誰かに頼られることで、**自分の存在価値や、承認欲求**みたいなものが、満たされるからじゃないかなあ、と思います。

裏を返すと、**人を頼ることは、「迷惑をかけること」ばかりとは言えない**のではないでしょうか。

場合によっては、「喜ばれる」ことだってあるのです。

そもそも私たちは、支え合って生きているわけですから、頼みごとをしつつ、されつつ生きていく方が、ずっと健全な気がするし、気持ちのいい世の中だと思うんです。

だから、意識から変えてきましょう。

頼みごとは、してもいい。

どんどん誰かを頼りにしましょう。

ただ、「本気でめんどくさい」「なにそれこわい」「羽根布団は買いたくない」と思わせるような、無理なお願いは避けたいところ。

お願いされた相手が、「それなら任せて！」「いつでもＯＫ！」と笑顔で、ポジティブに引き受けてくれるような、お願い。それを考えましょう。

嫌われるお願いの仕方
好かれるお願いの仕方
2

お願いの「仕方」より「タイミング」が大事です

◆それ、今言う？　あとにして！

「お願いして、迷惑そうな顔をされたくない」

「『え〜!?』みたいな態度をとられるのが嫌」


お願いすることを躊躇するタイプは、そんな風に考える人がいるようです。

なるほど。ただ、少し思うのが、私が考える「お願いが苦手な人」って、ひとつ共通点がある気がしています。


お願い自体がどうのこうの、という前に、**「お願いするタイミングがちょっと違う」**のかなと思っています。


うちの小学生の娘の「お願い」は、昔から絶妙なタイミングで来ます。

絶妙に良いタイミングではありません。その逆です。

今か？　それ？　今、頼む？　ということが多いのです。

夕食の準備、子供たちに先に食べさせつつ、キッチンを軽く片づけ、やっと自分も席につき、いただきます、と、お箸を上げた瞬間。

「ママー、お水、お代わり！」

今言う？ さっきまでキッチンにいたのにー　せめてあとひと口食べさせてー。

朝のバタバタ。朝ごはんにお弁当作り、洗濯に食器の片づけ。

「ママー、今日の図工の授業でトイレットペーパーの芯いるからちょうだい」

なぜ今？　ぜったいにずっと前から先生に言われてたやろ。トイレットペーパーの芯とラップの芯だけは突然言われても無理やで。せめて昨日の晩に言ってくれよ！

お風呂でシャンプーを流しているときにドアを開けられ、「ママー、見て！　レアアイテム！」とゲーム画面を向けられたこともあります。

見せたい気持ちはわかるけど…… **ぜったい今じゃないやろ。**

ママ、今、目ぇ開かへんわ。あとでゆっくり見るから。ほんで寒いから閉めて。

寝起きに「ママー、『鬼滅の刃』の炭治郎と禰豆子、描いて！」。

え？　な、なに？　誰と誰？　**じっくり研究するからあとでもいい？**

買い物客で賑わうスーパーで買い物中に、おそ松くんに出てくるイヤミの「シェー！」のポーズが見たいとお願いされたこともありました。

まあ、「子供あるあるある」なのですが、**とにかく「間」が悪い。**

大きくなるにつれ、少しずつ教えました。

「ママー」と呼ぶ前に、一回ママのこと見てみて。

今、なにしてるかなー、って。

「わかった！」と言いつつ、「ママー！」は連呼されまくりでしたが。

そんな彼女も、成長とともに、闇雲に私を呼ばず、一度様子を見て、お願いしてくれるようになりました。

そろそろ呼ばれることも減るでしょう。それはそれで、少しさみしい……。子供のうちは、周囲を気遣うことはなかなか難しいので仕方ありません。でも、大人がやってはいけません。

◆お願いすることは人の時間を奪うこと

「ねえねえ！」「あの～実は……」

もしかしたら、**相手が取り込み中にも関わらず、お願いごとをねじ込んでいませんか？**

上司だから先輩だから、親だから先生だから――。

あるいは、部下だから後輩だから、同期だから、いいよね？

そんな相手の役割だけをみて、こちらの都合だけで、いつでもどこでもお願いをしていませんか？

「時は金なり」――そんな言葉がありますが、私はそんな甘いもんではないと思っています。

「人の時間は、人の命」です。

おおげさにいえば、お金はいくらでも得られる人はいます。もう際限ないほどの大金持ちはいる。

しかし、時間は違います。

1日は誰でも24時間しかないし、1年は365日しかない。

そして人間は800歳とか900歳まで生きる人はいません。

誰にとっても等しく有限なのが「時間」なのです。

その貴重な相手の時間を、あなたのために割く行為。それが「お願いを聞いてもらう」ことなのです。

「わ！　ますますお願いできなくなる！」……と思うのではなくて、**その貴重な時間を奪うのだ、という自覚**をほんのちょっとだけ持つと違いますよ、ということです。

だから、**お願いする前に、相手の様子を見てください。**

忙しそうにしてないかな。集中してなにかをしていないかな。

あるいは、**事前にひと声かけてみてください。**

「少しお願いがあるので、お時間10分ほどいただけませんか？」

場合によっては、たったひと言。

「今ちょっとお時間よろしいですか？」だけでも違う。

部下や後輩、対等な立場の人になら、「これ今日中にやっといて」ではなく、**「これ明日までにできそう？」**などの言い方の工夫も大事です。

当然の権利とでも言わんばかりに、仕事中にいきなりぶっきらぼうに頼みごとをしてくる人のお願いよりも、自分の状況を考えてくれる人のお願いこそ、ちゃんと聞いてあげたい。

誰だってそう思うのではないでしょうか。

人を頼ってもいいけれど、それは**同時に相手の命を削ってもらうこと**でもあります。

だから、せめてお願いするタイミングを気をつけること。

忘れないようにしましょう。

嫌われるお願いの仕方
好かれるお願いの仕方

3

たくさん頼んではダメ！小分けにして頼むといいです

◆お願いしている仕事量が多いかも？

お願いというよりも「仕事の指示が得意じゃない」方も、けっこういると思います。


部下に指示したのに、思ったように仕事をしてくれない、とか。

後輩に仕事を依頼すると、なぜか成果をうまく出せない、とか。


もしかして、**お願いしている仕事量が多い**のではないですか？

相手には、**あなたが出した指示が、ちょっと「重い」のかもしれません。**


私は子供たちに家事を手伝ってもらうとき、めっちゃ**「小分け」**にします。

たとえば、洗濯物を畳んでほしいとしたら。

もちろん、家族４人分をすべてきれいに畳んでほしい。もう中学生と小学校の高学年の娘、それくらいやって当然とは思っています。

思っているけれど、最初から「全部畳んで！」と言うと、たとえば下の子なんて、「えー。無理。多すぎ」と反発してくるのは必至。

確かに、小学生の目からしたら、家族４人分の洗濯物が大量に積まれた姿は、なにそれ金剛山？　と見間違うほどアイテムが多すぎるように見えそうです。

だから小分けに、お願いする。

「洗濯物、こんなにあって、大変やねん。だから、あなたのだけでも畳んでしまってくれたら、すっごく助かるんだけど……お願いできるかな？」

こんな具合に**「これくらいあるうちの〝ここだけ〟頼める？」**と依頼するのです。

すると、「うん、いいよ」とさっとやってくれる。めっちゃ、ええ子になる。

私のスカートもカットソーも、パパのズボンも下着もシャツも、お姉ちゃんのスウェットから、自分の洋服その他もろもろまで、全部まるっと畳むとなると、ネバーエンディング・ストーリーに見えてくる。

けれど、そんなたくさんの中から、ぽこっと「あなたの洋服だけ」を取り出したら、なんだかとても**「少なく見える」**。

これなら手に負えそうだ、5分もかからず終わるなと感じる。

全部と比べたらうんとラクだから、すっと心の荷が降りて、思わず「いいよ！」と、前向きに取り組めるようになれるんだと思います。

◆相手に「やりたい！」と言わせるコツ

実はここにもポイントがあります。

それは相手に押しつけるのではなく、**相手に「いいよ」と言わせること、**です。

無理にやらせた、のではなく、自分で「ＯＫ」を出した手前、**自然と責任感が出て、最後までやろう**という気持ちが湧いてくる。

今っぽく言うと、「コミット」せざるを得なくなる。

小分けでお願いする効果、です。

コレはどんな仕事でも、大人相手でも、使えますよね。

とくに経験の少ない、**若い部下や後輩にお願いするときは、小分けにするのがいいのかもしれません。**

「企画書を仕上げてきて！」とまるっと頼むのではなく、「箇条書きでいいからアイデアだけでもくれる？」くらいに、仕事を小さくして頼むとか。

「それくらいなら全く問題ないです！」と張り切ってやってくれるはずです。

そして出てきたアイデアをもとに、「いいね。じゃあ、もう少し肉づけしてみようか」「文章にしてまとめてみますか」「パワーポイントで仕上げちゃえば？」と、**少しずつ小分けした仕事をつけ足していく、**という手もあります。

結果として、**最初にお願いしたかった仕事が、きれいに仕上がっている**はずです。

うちの子も、最初は「自分の服」だけだったのに、「じゃあ、お姉ちゃんのものもできる？」「すごい！　パパのものもお願い！」と雪だるま式にお願いしていき、結局、すべてやってくれることがあります。

あまりに子供に多用しすぎると、「ん？　なんか知らんうちに全部やらされてる⁉」と、バレてしまうこともありますが……。

仕事でもお手伝いでも、このやり方で最後まで終わらせることができれば、それは相手にとって、ひとつの大きな自信になります。

次には、前回より少しだけ多くお願いしても大丈夫。

「よし、挑戦してみるか」という気持ちで、前向きに臨んでくれるはずです。

嫌われるお願いの仕方
好かれるお願いの仕方

4

「明日、ヒマ？」と聞いてはいけません

◆ズルい誘い方はやめてください

相手の負担にならないように、または断られて自分が傷つかないように。なんとなく、ふんわり、ぼやっとお願いをする人がいます。

「来週あたり、余裕ある？」

「明日、ヒマ？」

こういう感じの誘い文句です。

気持ちはわかりますが、コレはアカンやつです。

私はそれを言われたら、「来週あたりは、余裕はありませんが、お仕事の内容によってはもちろん空けられますよ。というか、**なんの用事か先に言えや！**」と思ってしまいます。

なんの用事か次第で、こちらも答えを決めるわけです。もし先にヒマです、なんて答えてしまったら、**やりたくない仕事を押しつけられる可能性が高まる**わけです。それは避けたい。

だから、誘うときは、「いつ」「誰に」「なにを」「どれくらい」「どうしたいのか」といった項目をしっかり伝えた方がいいと思います。

全部言わずに聞いてくるのはズルい。そう思われて、以降、敬遠されてしまうのではないでしょうか。

じゃあ、どんな依頼がうれしいかな、というと、**こっちの都合を配慮してくれるケースです。**

たとえば、「来週あたりに、実はお願いしたいロケがあるんです」という場合。

「今たくさんお仕事かかえていらっしゃるでしょうし、お子さんもいらっしゃるので大変でしょうから、ご都合のいい日時をまずは教えていただけますか？」

これだけで、「はい。なんとか空けます！　大丈夫です！」となる。

わざわざこちらの都合を先に触れてくれるだけで**誠意を感じる**し、きっと「これくらい考えてくださる相手なら、仕事もしやすいだろうな」ということまで見えてきます。

裏を返すと、依頼される側は、そうしたところまで見ているということです。

◆「明日、早い？」と聞くのはOK!?

これは、仕事の依頼だけではなく、たとえば前に言ったような今の若い子が好まない、「先輩との食事」や「ご飯会」に誘うときにもなるべくしない方がいいと思います。

「明日さ、早い？」

仕事終わり、たとえば「ご飯でも行きたいな」と思ったら、そんなふうに声がけしてしまいがちです。

まずは「予定を聞いたうえで誘いたい」その気持ちはめちゃくちゃわかります。だっていきなり**「今日、ご飯行ける?」と聞いて、スパッと断られたら嫌ですもん。**

そこで「明日、早いです」と言われたとしても、「ご飯行ける?」と聞いて断られるダメージよりはるかに小さいから。

「そっかそっか! OK! いや別に、**ただ明日早いかどうか聞いただけやし!**」と、自分の中でもなんとか逃げることができる。

でも、相手にしてみたらこれもまた、「ズルい」のです。

「このあと、ヒマ?」とか、「明日、早いの?」とか、聞かれた方は、直接的に誘われたわけではないですが、薄々気づいてますよね?

「あ、きっと、これご飯の誘いだ」と。

ほぼ、バレていると思っていいでしょう。

この聞き方は、双方にとって良くない気がするのです。

誘う方は、自分が傷つきたくないから遠回しにしただけでも、誘われた方は、この聞き方をされると、なんだか警戒してしまうのです。

もし予定がなくて、「行ってもいいな」と思ったとしても、情報がなさすぎて「もしかしたら怒られるのかもしれない」「もしかしたら自分が苦手な人も来るのかもしれない」「面倒なことを頼まれたらどうしよう」と、要らぬ疑心暗鬼が始まります。

それならいっそ、「明日早い？　ご飯どう？」と聞きましょう。

普通に「明日早い？　ご飯どう？」と聞かれたなら「大丈夫です！　行きます！」とふたつ返事でいくところを、なにがあるかわからないから「ん〜、早いっちゃあ、早いですけど……どうしましたか？」とか、「あー、まぁ……早くないこともなきにしもあらずですけど、早くないとも言い切れずでして……」とか、よくわからない曖味な返答をしてしまうのです。

いつでも逃られるように予防線を張っているわけです。

こう返されると、誘った方は「ん？　なにその、はっきりしない返事。行きたくないから言いにくいのか……」と、余計な邪推が始まります。

このように、**意味のない腹の探り合いに発展して、結局どちらもご飯に行きたかったのに、行けない、**ということにもなりかねないのです。

お互いにいらない探り合いや面倒を避けるためにも、お誘いする時は「明日、早い？」のあとに、ちゃんと用件をつけましょう。

それでもやっぱり断られるのがどうしても嫌！　という人は、せめて受けるショックをマイルドにできるような誘い方をしてみてはどうでしょう。

「今から、この前の店行くんだけど、一緒にどう？」

これなら、あくまでも自分はひとりだろうがもともと行く予定で、もしよかったらあなたもどう？　と誘っているだけ。

もし断られてももともとの予定を全うするだけですから、**万が一断られても「あ、そう、じゃ！」とサラッと去れば、カッコ悪くない！**

では逆に、「明日って、早いの？」と誘われたときは、どう返せばいいのでしょうか。

「早いんですよー。5時起きで、大阪です」

こう言えば、誰もが「そうか。大変やなー。おつかれ」で終わりでしょう。

「そうでもないですね。10時に、調布です」

これなら、「おおそうか。ゆっくりやな……、んー、おつかれ」となるかも。

そもそも、この誘い方をしてくる人は、きっと半分「急だし、断られても仕方ない」と思っているので、断りたいな、と思ったら「早いんですよー」と、**相手に「じゃあ仕方ない」と思わせる断り方でいい**と思います。

そして、「もしご飯なら行ってもいいな」「行きたい」としたならば、私が「これ正解！」と思うのは、こんな返答です。

「あ、全然早くないですよ。先輩はどうですか？　ご飯行きません？」

100点！

誘いたいけど傷つきたくないから正面からは誘えない、そんなこちらの気持ちを汲んで、逆に後輩から誘ってくれるその優しさ！　100点ではないでしょうか。

もし私が「あ、明日ってさぁ、早いん?」と聞いてきたなら、こんな返答、お待ちしております……。

嫌われるお願いの仕方
好かれるお願いの仕方

5

最後は、ぶっちゃけてお願いするのも手です

◆下手なテクニックよりも誠実さで勝負

いろいろお願いの仕方について言ってきましたが、結局、最後の手としては、**「ぶっちゃけ」てお願いをする**ことに尽きるとも思います。

とはいえ、仕事を押しつけるとか、自分が嫌だからやらせる、ではダメですよ。

けれど、「手伝ってほしい」「助けてほしい」、あるいは子供や部下の成長のために、ここは「経験を積んでほしい――」。

そうした〝正当〟なお願いをする理由があったら、下手に言い方やテクニックでクールにサラっとお願いするだけじゃなく、温度の高い飾らぬ言葉の方が響くこともあると思います。

「ごめん、ここまではなんとか頑張ってんけど、ちょっとだけ手伝ってほしい！」

「忙しいと思うけど、助けてくれる？」

「ちょっとしんどいかもしれないけれど、これやるともっと成長できると思うねん。私はそうだった。サポートするから挑戦してみて！」

それくらいに、**〝思い〟**や**〝願い〟**を正直に乗っけた言葉を伝えることの方が、人の心を動かすことが多い気もするからです。

そして、こちらのお願いを聞いてもらったからには、**あなたがお願いされる側になったとき**は、できるだけ「ええよ」「まかせて」「全然ＯＫ！」と**快く引き受けてあげる。**

上司と部下、同僚、友達、夫婦、家族、
みんな支え合って生きている。
世の中は、「おたがいさま」と「おかげさま」。

一人ひとりが、他人を気遣える優しさ、許せる優しさ、感謝できる素直な心を持つことで、みんながもっと居心地良く、気持ち良く日々を過ごせるようになったら、いいですね。

おわりに

冒頭にも書きましたが、今回は、初の「語りおろし」スタイルです。新宿の喫茶店で、ミックスジュースを飲みながら自分の人生を振り返り、たくさんの話をさせてもらいました。

今までのような、自分が書く自分自身の言葉の本ではないので、一体どんな文章に仕上がるのか、そして自分のこんな話が、誰かのためになるような本になるのか。

正直最初のうちは不安で仕方ないところはありましたが、出来上がったものを読んでみると、びっくり！

めっちゃためになるやんこれ！　いい本やん！

優しい目をしたライターさん、ちょっと大阪弁入れすぎやけど、バッチリやん！

いつも笑顔の編集さん、ニコニコしすぎで不安やったけど、さすがやん！

私の言いたいことや、大切にしている部分はそのままに、見事にまとめて、ちゃんと私の本にしてくださいました。

読んでいるうちに補足したくなったり、思わず自分も書きたくなって、わがままを聞いてもらって大きく手を加えさせていただいた部分もたくさんあります。

それによって、さらに私の魂を吹き込んだ本になったと思っています。


言うか、言わないか。ガマンするか、しないか。


その違いだけで、言いたいことは、皆あるのです。

嫌われたくない、変な空気にしたくない、うざい変なやつと思われたくない。

だから、言いたいけど、ガマン。

その方がラクなら、それもいいでしょう。

それでも、生きていればどうしても怒らないといけないとき、注意しないといけないとき、断らないといけないとき、お願いしないといけないときがあるはずです。

そんなときには、本書に書いていたことを少し思い出してみてください。

ハッキリ言うのは、感情をストレートに伝えるだけではありません。

「怒る」は「教える」に、「断る」は「相談する」に置き換えてみたり、少しキツい言葉は柔らかい言葉のパンに挟んでみたり、くどくど言いたいところを、少し冗談っぽく2文字に抑えてみるだけでも、伝え方は変わります。

忘れてはいけないのは、どの場面も、人と人との言葉と気持ちのやり取りだということ。

そこには自分の一方的な感情だけではなく、必ず相手の心がある。

部下であっても、夫や子供であっても、友人や家族であっても、それは同じ。

目的は、相手を傷つけることではなく、わかってもらってより良い関係になること。

遠慮し合っているだけでは築けない関係もあるし、わかり合えないこともあるのです。果たして本書に書いてあることが、本当に「嫌われずに好かれる伝え方」なのかどうか、正解はわかりません。

だけど、こうして人生を振り返って考えてみて、ひとつわかったこと。

それは、自分は本当に日々たくさんの人と関わりながら、「人になにかを伝える」ということの難しさをつねに実感しながら生きてきたということです。

漫才や企画会議ではおもしろさを、ワイドショーでは自分の率直な意見を、ロケのリポートでは食べ物の美味しさを、バラエティでは小堀くんへの怒りを、夫や家族にはお願いと感謝を、子供たちには生きるうえで大切なことを。

毎日毎日、伝えては手応えを感じたり失敗したり。少しずつ改善しては前進したり後退したり。

どうやったら一番うまく、「相手をできるだけ嫌な気持ちにさせないで、自分の考えや気持ちを伝えられるか」を考え、何十年も切磋琢磨してきたのです。

相手を嫌な気持ちにさせない。

結局、これが、「嫌われずに好かれる人」につながる気がします。

そんな思いでつくってきた自分なりの「型」が、どこかの誰かの役に立つ日が来るのなら、私の、あっちに行ったりこっちに行ったり、あまり落ち着かない人生にも、大きな意味があったんだと、ハッキリと言えるでしょう。

【著者略歴】

野々村友紀子（ののむら・ゆきこ）

1974年大阪府生まれ。2丁拳銃、修士の嫁。

芸人として活動後、放送作家へ転身。現在はバラエティ番組の企画構成に加え、吉本総合芸能学院（NSC）東京校の講師、アニメやゲームのシナリオ制作をするなど多方面で活躍中。

著書に『強く生きていくために あなたに伝えたいこと』『あの頃の自分にガツンと言いたい』『夫婦喧嘩は買ったらダメ。勝ったらダメ。』（産業編集センター）、『パパになった旦那よ、ママの本音を聞け！』（赤ちゃんとママ社）、『夫が知らない家事リスト』（双葉社）がある。

ハッキリものを言って嫌われる人、好かれる人の伝え方

2020年　7月　1日　初版発行
2020年　8月23日　第2刷発行

発行　**株式会社クロスメディア・パブリッシング**

発行者　小早川幸一郎
〒151-0051　東京都渋谷区千駄ヶ谷4-20-3 東栄神宮外苑ビル
http://www.cm-publishing.co.jp

■本の内容に関するお問い合わせ先 …………………… TEL（03）5413-3140／FAX（03）5413-3141

発売　**株式会社インプレス**

〒101-0051　東京都千代田区神田神保町一丁目105番地

■乱丁本・落丁本などのお問い合わせ先 ……………… TEL（03）6837-5016／FAX（03）6837-5023
service@impress.co.jp
（受付時間　10:00～12:00、13:00～17:00　土日・祝日を除く）
※古書店で購入されたものについてはお取り替えできません

■書店／販売店のご注文窓口
株式会社インプレス　受注センター ……………………… TEL（048）449-8040／FAX（048）449-8041
株式会社インプレス　出版営業部 ……………………………………………… TEL（03）6837-4635

カバーデザイン　金澤浩二（cmD）
本文デザイン・DTP　鳥越浩太郎

本文構成　箱田髙樹
印刷・製本　中央精版印刷株式会社
ISBN 978-4-295-40424-8 C2034